チームワークの教科書

HBR'S 10 MUST READS ON TEAMS

ハーバード・ビジネス・レビュー
チームワーク論文
ベスト10

ハーバード・ビジネス・レビュー編集部＝編
DIAMOND ハーバード・ビジネス・レビュー編集部＝訳

ダイヤモンド社

HBR's 10 MUST READS ON TEAMS
by Harvard Business Review

はじめに

仕事で成果を出そうとすれば、チームの力が欠かせません。ですが、多くの場合、個々の能力以上のパフォーマンスを発揮できていません。むしろ、マイナスになることさえあるため、チームリーダーの悩みは尽きないでしょう。たとえば、「スター人材をどう扱えばよいのか」や「業績やモチベーションを上げるにはどうすればいいのか」「国籍や文化、年齢の違う人材をどう活かすのか」「対立を防ぎチーム内の意見をどうまとめればよいのか」……こういった課題を多くのチームが抱えているはずです。

米国の名門経営大学院、ハーバード・ビジネス・スクールの教育理念に基づいて、一九二二年、マネジメント誌 *Harvard Business Review*（HBR：ハーバード・ビジネス・レビュー）が創刊されました。同編集部とダイヤモンド社が提携し、日本語版『DIAMONDハーバード・ビジネス・レビュー』（DHBR）を一九七六年に創刊しました。以来、DHBRは、「優れたリーダー人材に貢献する」という編集方針の下、学術誌や学会誌のような難解さを排し、「実学」に資する論文を提供しています。

本書は、そのHBR誌の掲載論文から、HBR編集部が「チームワークについて知るべき最低限のこと」として厳選した一〇本の論文を集めたものです。先に挙げた悩みの解消に役に立つものを取り揃えました。ここで、各論文の特徴をご紹介しましょう。

第1章「チームづくりの科学」では、マサチューセッツ工科大学の研究チームが開発した電子バッジのデータから、コミュニケーションに必要な要素を科学的に解き明かします。筆者らは、七年間延べ二五〇〇人から、チーム内でのコミュニケーション行動をつぶさに記録したデータを集めました。そこから、チームの成果を左右するのは、メンバーの資質よりもコミュニケーションの特性であることがわかりました。膨大なデータから浮かび上がったのは、熱量、関与、探索という三つの要素でした。

第2章「【インタビュー】チームワークの嘘」では、社会心理学ならびに組織心理学の専門家である、ハーバード大学教授、故J・リチャード・ハックマンに聞きます。リーダーはたいてい「チームで事に当たるのが一番」と考えてしまいがちですが、チーム研究の第一人者である彼は「それは早計だ」と指摘します。彼の調査によると、多くの場合、チームの目的についてさえ共有できていないといいます。ハックマンの語る「チームワークの幻想」は納得感があり、一読の価値があります。

第3章「チームとグループは異なる」は、初出は一九九三年ながらも、いまもなお多くの人に読み続かれている名著論文です。多くのマネジャーは「チームワークが大切である」と説く一方で、チームという言葉をあまり理解していません。本稿は、チームワークとグループワークを明確に区別したうえで、チームをチームとして動かすためには、守らなければならない規律が存在すると述べます。高業績を達成するうえでのチームマネジメントについて、体系的な理論を提示します。

第4章「協働するチームの秘訣」は、著書『ライフ・シフト』で一躍、脚光を浴びたリンダ・グラットン教授らによる論考です。IT化により、大企業では国境を超えた大規模なチームを簡単につくれるようになりました。しかし、彼女らが多国籍企業一五社の五五チームについて調査したところ、IT化や大規模化はチームにとって「諸刃の剣」であることが判明しました。多種多様なメンバーが集まれば、それだけ問題が生じやすいためです。本論は、その中でのマネジャーの役割を明らかにします。

第5章「インナーワークライフの質を高める『進捗の法則』」によると、チームの創造的なパフォーマンスを促すには、その人のインナーワークライフ（感情、モチベーション、認識の相互作用）の質を高める必要性があるといいます。そこで重要なのが、仕事の「進捗」です。チームのメンバーが日々の仕事を有意義だと実感できるように促すのがマネジャーの役割だと、本稿は指摘します。

第6章「チームＥＩの強化法」は、個人だけではなく、チームにも「エモーショナル・インテリジェンス」（ＥＩ：感情的知性）があると説く意欲的な論考です。かねてより、人材の優秀さは、ＩＱ（知能指数）だけでなく、ＥＩの高さによって決まることが浸透しつつあります。筆者らは、多くの優れた企業を調査・分析し、チームにもＥＩがあり、それを高める手段があると示します。デザインコンサルティングファームのＩＤＥＯを例に、その必要な要素を解き明かします。

第7章「多国籍チームのマネジメント」の問題意識は、文化や国籍の異なるメンバーによるチームをつくった際に、些細な違いが感情の摩擦や対立を引き起こし、チーム全体が機能不全に陥ることをどう回避できるかにあります。多国籍チームの抱える問題を見極め、いかにマネジメントすればよいのか。筆者は、世界規模の調査から、これらに有効な四つの戦略を提示します。

第8章「決められないチームへの六つの対処法」では、意思決定の場面で陥りがちな「決められない」理由を考察し、それを打破する方法を提示します。とりわけ、意見がまとまらないためにトップはやむなく決めているのに、それが他のメンバーの不満につながり、チームが機能しなくなる現象について、「投票のパラドックス」の理論から、それが起こるべくして起こるものだと喝破します。決められないチームに対して、機能不全に陥らない具体的な対処法を説きます。

第9章「ヴィルトーゾ・チームのつくり方」は、スター人材を集めた時のマネジメントに、多くのヒントを与えてくれることでしょう。イタリア語で「名人」のことを「ヴィルトーゾ」と呼ぶところから名付けたこの論考は、ミュージカルの常識をことごとく破った『ウエスト・サイド物語』を題材にしています。原作、振付、作曲、作詞など、それぞれに類稀なる人材が揃い、それらの才能が結集した際に起こる生々しいチームの実態から、チームの力の引き出し方を学ぶことができるはずです。

第10章「チーム内の対立を防ぐための戦術と戦略」は、チーム、とりわけマネジメント層で起こりがちな対立を抑えるための具体的な策を、六つの戦術と三つの戦略として紹介します。筆者は、互いの考え方を批判し合うマネジメントチームのほうが、効果的な決定を下していると考えます。意見の対立を恐れてはいけないのですが、個人攻撃に向かうような対立は招くべきではない。この微妙なバランスをいかに保つのかについて、効果的な方策を明かします。

これらの論考は、初出から年月が経たいまもなお、世界中で読まれ続けているものばかりです。その後のさまざまな研究に役立っていることからも明らかなように、課題の設定やその解決策に古くささを感じさせません。それどころか、チームワークという最も身近な問題に対し、すぐに実践できる対策から、根本原因を見つけるためのヒントまで、多くの示唆を与えてくれることでしょう（論文中の社名や肩書きなどは当時のまま収録しています）。

DIAMONDハーバード・ビジネス・レビュー編集部

『チームワークの教科書』

目次

第3章 チームとグループは異なる――55

第6章 チームEIの強化法——141

第9章 ヴィルトーゾ・チームのつくり方――219

ビル・フィッシャー　IMD 教授
アンディ・ボイントン　ボストン大学 キャロルスクール・オブ・マネジメント 学長

『ウエスト・サイド物語』はなぜ大成功したのか――220
逸材を集めてドリームチームをつくる――223
メンバーの個性を共有し、チームとしての個性を形成する――225
切磋琢磨を促しチームを成長させる――229
顧客は「最高のものをほしがっている」と信じる――233
名人チームを率いるリーダーシップスタイル――235

第10章 チーム内の対立を防ぐための戦術と戦略――241

キャサリン・M・アイゼンハート　スタンフォード大学 教授
ジーン・L・カフハジ　エフェクティブ・インタラクションズ CEO
L・J・ブルジョア三世　バージニア大学 ダーデンスクール・オブ・ビジネス 教授

チーム内の対立を抑えるにはどうすべきか――242
事実にフォーカスする――246
複数の代替案を用意する――249

第1章

チームづくりの科学

マサチューセッツ工科大学 教授
アレックス・サンディ・ペントランド

"The New Science of Building Great Teams"
Harvard Business Review, April 2012.
邦訳「チームづくりの科学」
『DIAMONDハーバード・ビジネス・レビュー』2012年9月号

アレックス・サンディ・ペントランド
(Alex "Sandy" Pentland)
マサチューセッツ工科大学(MIT)教授。MIT コネクションサイエンス研究所所長、および MIT ヒューマンダイナミクス研究所所長。MIT メディアラボ起業プログラムのディレクターも務める。

チームづくりは科学かアートか

もしあなたが、成功しそうなチームを探しているとすれば、コールセンターを当たるのがよいだろう。コールセンターでの業務は、求められる技能が明確であり、適材を見つけやすい。また、業務内容が明瞭なので、業績を評価して比較するのが容易であるといえる。コールセンターでは、問題解決の件数や顧客満足度、コールセンターの効率の目安としては定番であるＡＨＴ（平均処理時間）のほか、あらゆる角度から、チームの成果を簡単に測定することができる。

とは言いながら、ある大手銀行にあるコールセンターのマネジャーは、チームの業績がばらつく原因をつかめずに苦労していた。配下のチームは表面的には似通っているのに、素晴らしい結果を出すチームと、ぱっとしないチームがあった。

実際、報告されたどの指標からも、原因が探れなかった。この不可解さにマネジャーは、「チームビルディングは科学ではなくアートだ」という仮説をいっそう信じるようになった。

しかし実態は、この仮説とはまったく逆だ。筆者が所属するマサチューセッツ工科大学（ＭＩＴ）のヒューマンダイナミクス研究所では、高業績チームの集団力学《グループダイナミクス》を突き止めた。それは、熱量や創造性、または貢献などで、他のチームを圧倒する力学である。

この力学は、観察したり、定量化したり、測定したりするのも可能である。そのため、チーム力学を強化する方法を指南できるのだ。

チームを動かす要因を探る

我々ヒューマンダイナミクス研究所では、親密で協調性のあるチームの行動を記録した。すると、たとえ我々が、メンバー同士の会話の内容を理解できなくても、何らかのホットな話題であることは感じ取れるものだと気づいた。このことから、高業績のカギは、話し合いの中身ではなく、コミュニケーションのあり方だと推察できた。

コミュニケーションに着目したチームビルディングの研究はこれまでほとんどなかったが、我々は、コミュニケーションが決定的な意味を持つのではないかと推測し、詳しく調べることにした。

研究に当たっては、表面的には似通っていながらも、業績に差のあるチームが属している職場を、さまざまな業界から探した。最終的に研究対象となったのは、イノベーションチーム、病院の術後病棟、銀行の顧客対応チーム、バックオフィス業務のチーム、コールセンターのチームなどである。

対象チームの全員に、電子バッジを身につけてもらい、声の調子、身振り手振り、会話の相手や会話量など、各人のコミュニケーション行動をデータ収集した。

注目すべきことに、このデータによると、高業績チームを築くうえで、たしかにコミュニケーションが決め手となることが証明された。

それだけではなく、コミュニケーションの特性こそが、チームの業績を予測するために、最も重視すべき要素だとわかった。さらに、メンバーの知性や人格、技能、話し合いの中身なども、他の要因を合わせたのと同じくらい重要だということも判明した。

冒頭に登場した、銀行のコールセンターを一例に取ると、やはりコミュニケーションの特性の違いによって、チームの業績が変わることがわかった。

いくつものチームのメンバーたちに六週にわたってバッジをつけてもらい、データを収集した。それを、筆者が会長を務めるソシオメトリック・ソリューションズのタミー・キム、ダニエル・オルギン、ベン・ウェーバーとともに分析してみた。

すると、正式な会議ではない場におけるチームの熱意の総量や、メンバー同士の関与が、生産性を予測するうえで、最適な指標になると判明した。生産性（金銭換算ベース）の三分の一が、チームの熱量と関与に関係することが明らかになった。

我々はこの知見をもとに、「休憩時間のスケジュールを見直して、チーム全員が同じ時間帯に休憩を取るようにしてはどうでしょう」とコールセンターのマネジャーに提案した。

この提案によって、メンバーは端末の前を離れ、同僚たちとの交流時間が増えるはずである。我々の提案は、一般的な効率化の原則から外れているが、困り果ててわらにもすがる思いのマネジャーはこれを試してみた。すると、効果絶大だった。普段、成績の悪いチームのAHTが二〇％以上短縮し、コールセンター全体でも八％の短縮に成功したのだ。

いまでは、一〇カ所のコールセンター（総員二万五〇〇〇人）すべてで休憩時間の変更を行っており、生産性向上の効果が年間で一五〇〇万ドル相当あると予測している。また、全センターで従業員満足度が高まり、それが一〇%を超えた例もあった。

規模が違っても、あらゆる企業がこれと同じような変革を成し遂げられる可能性はある。正確な分析をするためや、業績を上げるためのツールやデータはすぐ手に入るからだ。

いまや優れたチームづくりは科学の分野なのだ。以下で詳しく述べよう。

科学的にチーム全体の行動を観察する

「チームが団結している」と実感できる時がある。それは唐突に湧いてくるのではない。コミュニケーションの手がかりをたえずやり取りしながら、何百もの手がかりから本能的に処理しているのだ。しかし最近まで、そのような手がかりをデータとして客観的に記録し、息の合うチームの理由を分析し、活かすことができなかった。ただ観察したのでは、チーム全体の繊細な人間行動の意味合いを、すべて把握するのは不可能だ。

これまでは、個々のメンバーの総和以上の力を発揮する理由、たとえば優れたリーダーシップやフォロワーシップ、共有され明快な指針、鮮烈なブレインストーミングなどに感銘を受けるだけで精一杯だった。ところが近年では、ワイヤレス技術やセンサー技術が進歩したため、このような制約を乗り越え、言葉で表現しにくい決定的な要因を測定できるようになった。

MITの筆者の研究室では、電子バッジを開発し、これまでに六度の改良を重ねてきた。このバッジは、じゃまにならないように、それとなく機能しながら、一分間に一〇〇ものデータを収集するので、我々は「人々の自然な振る舞いをとらえているはずだ」と自負している（装着者が、バッジに慣れるまでの時間も記録している。最初はバッジが気になって不自然な振る舞いを見せるが、そのような影響は一時間もするとたいてい消える）。

この七年間に二一組織、合計でおよそ二五〇〇人にバッジをつけてもらい、コミュニケーションの特性を把握した。期間は六週にわたることもあった。こうして集めたデータを用いて、いつも通りに振る舞う人々のコミュニケーション行動を、かつてないほど詳しく分析した。

電子バッジからは、人々の相互交流にまつわる指標（ソシオメトリクス）が得られる。具体的には、声の調子、対面の有無、話す・聞く、相手の言葉をさえぎる回数や時間、さらには周囲への関心や共感の強さまで測定する。

チーム全員のデータを業績指標と比べると、成功へと導いたチームワークを持つコミュニケーションの特性を探り出すことができる。効率を追求するコールセンター、新薬のアイデアを探す製薬会社のイノベーションチーム、リーダーシップの向上を目指す経営幹部など、チームの特徴や目的が何であろうと、成功へと導くチームワークを浸透させるコミュニケーションの特性は、ほぼ共通していることがわかった。

生産性の高いチームのデータは一定の特性を備えている。あまりにわかりやすいため、メンバーに一度も会わなくても、データに目を通しさえすれば、そのチームが高い業績を上げるかどうかを予測できるほどだ。

たとえば、あるカクテルパーティで、チームメンバーの交流の様子を電子バッジのデータで分析した後、その結果だけをもとに、事業プランコンテストの優勝チームを当てたこともある。(注1) また、投資案件をめぐる議論の最中に集めたデータのみを根拠に、投資成果を見通したこともあるぐらいだ。データを見れば、チームメンバーがその日、「大きな実りがあった」「創造性を発揮できた」と報告するかどうか、予想がつくのだ。

と同時に、高業績チームはいっそう高い水準で抜きん出ていることが、データで明らかになった。

❶チーム全員が平等に話したり聞いたりする機会がある。また簡潔に話をすることを心がけている。

❷メンバー同士が顔を向き合わせてコミュニケーションをし、会話や身振りに熱量がある。

❸各人が、チームリーダーを通してだけではなく、他のメンバーとも直接つながりがある。

❹秘密事項や内輪話をチーム外に漏らさない。

❺折に触れてチーム活動を中断し、チーム外の情報を持ち帰ってくる。

実はデータから、意外な事実もあぶり出されている。それは、個人の論理的思考や資質がチームの成功に果たす役割は、想像よりはるかに小さいということだ。

優れたチームを築く最高の方法は、聡明さや実績をもとにメンバーを選ぶよりも、チームのコミュニケーションの特性を調べて、成果につながるコミュニケーションを実践するよう導いていくことである。

成果につながるコミュニケーションの三要素

我々は研究を通して、チームの成果を左右する三つのコミュニケーション要素を特定した。

❶コミュニケーションの「熱量」

一つ目はコミュニケーションの「熱量」である。この熱量の強さは、メンバー同士のやり取りの回数と性質をもとに測定する。たとえば、「はい」という返事や、首を縦に振るなどの意思表示や承諾は、単発のやり取りである。通常の会話はいくつものやり取りで成り立っており、チーム内では同時に複数のやり取りが進行している場合もあるだろう。

最も貴重なコミュニケーションは、対面での会話である。次に貴重なのは電話やテレビ会議だが、これらは参加人数が増えるにつれて効果が衰えていくから、注意しなくてはいけない。メールは最も効果がない（メールによるコミュニケーションについては、電子バッジ以外の方法でデータを収集している。もっとも、対面でのやり取りの数だけでも、熱量の強さをおおまかに知る指標として役立つ）。

各チームメンバーについて、やり取りの数にコミュニケーションの効果をかけ合わせて熱量を算出し、チーム全員のスコアを合計して人数で割れば、それがチームの熱量である。

チームの熱量は一定ではない。MITの筆者の研究グループを例に取ると、今後の予定やルール変更ほか、細かい連絡事項を筆者から他のメンバーに伝えるために会議を開く場合がある。このような会議は熱量に乏しいのが常である。ところが、同じメンバーの会議でも、誰かが新たな知見を発表すると、他のメンバーがいっせいに口を開くため、その場はたちどころに興奮や熱気に包まれる。

❷チーム全体への「関与」

コミュニケーションの主要な二つ目の要素は、チーム全体への「関与」である。

これは、メンバー間に分散する熱量の配分を表す。メンバーが三人だけなら、AとB、AとC、BとCの間の熱量を平均すると、チームの熱量が導き出せる。

チームの全員が、各メンバーとの間で均等に熱心なコミュニケーションを展開していれば、熱意に満ちあふれている状況である。一部のメンバー間で熱意あふれるコミュニケーションが展開されていても、他のメンバーがそこに参加していないようだと、チームの業績はそれほどよくない。

たとえば、投資判断を下す様子を観察した時、一部のメンバーしか関与していないチームは、全員が関与したチームと比べて投資収益が少なかった。メンバーが遠隔地に分散していて、主に電話で話をするチームでは、この傾向は特に顕著だった。

❸外の世界へと向かう「探索」

三つ目の要素は、外の世界へと向かう「探索」である。これには、チームメンバー以外とコミュニケーションをすることが必要となる。要するに、他のチームとのやり取りにどれだけ熱量を傾けているかということである。

高業績チームは外とつながろうとする意識が強いことが、我々の調査から判明している。創造的な業務、たとえば目新しい視点が求められるイノベーションに携わるチームでは、熱心に外の世界とつながろうとする姿勢が極めて重要である。

探索の度合いを測るには、電子バッジを組織内の大勢につけてもらう必要がある。これまでに、MITメディアラボほか多数の組織でこれを実施してきた。ある多国籍企業のマーケティング部門では、職能の異なるいくつものチームにバッジを配付した。

関与と探索はどちらも望ましいが、我々の調査結果からは、これらの両立は容易ではないこともわかっている。それは、チームメンバーの熱量を異なる二つの目的に注がなくてはならないからだ。人の熱量は有限である。みんなが自分のチームへの関与を深めると、チーム外に向ける熱量は減り（探索がおろそかになり）、その逆も成り立つ。それでも両方を実践しなくてはならないだろう。特に創造性を必要とする分野で成功しているチームは、発見を求めて探索をすることと、外から集めたアイデアをまとめるために、チームに関与することを交互に行っている。

MITメディアラボによると、研究グループごとの創造的な成果の開きは、およそ半分が探索の度合いによって説明できた。我々が研究する、ある産業研究所では、各チームの創造性の高低を九〇％近い精度で見極めることができた。

チームマネジメントの「常識」を覆す

斜に構えた人は、熱量、関与、探索についての記述を、当たり前だと見向きもしないかもしれない。たしかに、我々の調査データは従来の常識を肉付けしたものにすぎない。ただ、かつてないほど的確に観察ができることと、チームの力学を定量化して、とてつもなく精密に測定できるようにしたのだ。その一例としては、チーム業績の差異の三五％は、チーム内における対面でのやり取りの回数によって説明できると証明したことだ。加えて、チーム内のやり取りの回数は、一時間につき数十回が「適正」だが、適正回数を超えると業績は下がることも判明している。

一般に高業績チームは、メンバーがチーム全体の話を聞いたり、全体に向けて話をしたりするのは全時間の半分にすぎず、各メンバーが要点を押さえた手短な発言をするため、延々と話し続けることがない。残り半分の時間はどうかというと、各メンバーは一対一で会話をしていて、これもたいていはごく短い。また、先入観とは裏腹に、合理的でないと思われる私語が、チームの気を散らすどころか、高い成果につながっていることがデータから明らかになっているのだ。

我々が収集したデータの中には、メンバー同士の交流の重要性について、従来の常識を肉付けするのではなく、それを覆す場合もある。コールセンターのように効率を生命線とする職場においてでも、チームの成果を上げるうえで、メンバーの交流が欠かせないものだと判明していて、だいたいコミュニケーションの特性の五〇%超が改善する。言ってみれば、もしこのデータがなければ、どの力学がチームの成功を後押しするのか、知る手立てがないのだ。

ある新興ソフトウェア企業のマネジャーは、たとえば「ビールを片手に語らう会」のようなイベントを開催すれば、従業員同士のコミュニケーションを促進できるだろうと考えた。しかし、電子バッジのデータによると、ほとんど効果はなかった。これとは反対だったのが、社内食堂での実験だった。社内食堂の長テーブルに、見知らぬ従業員同士を隣り合わせにしたところ、目覚ましい効果が表れた。これ以外にも、データによって、探索に関する固定観念を覆す知見を得ている。

業績を向上させるために新しい視点を取り入れるのは、けっして驚くような発想ではなく、むしろマネジメントの鉄則といえるだろうが、データによると、たいていの企業は正しく実践していない。我々が調査した組織の多くでは、繰り返し相談を持ちかけていた相手は、出所が同じだった。しかも、投資効果の検討書を作成するとか、プロジェクトの事後分析をするといった特定の場合にしか、外部の意見を求めていなかったのだ。

これに対して、極めて高い成果や創造性を発揮するチームは、組織内のすべてのチームから、たえず新しい視点を吸収しようと努め、時には組織外にまで網を広げていた。

データを活かすための三つのステップ

データは、個人やチームの業績向上の指標として活用できる。長らく客観的に分析されなかったチームビルディングなどのマネジメントにも活かせるだろう。

具体的にどう活かすのか。次の三つのステップを見てみよう。

ステップ❶ビジュアル化

生データは、測定対象のチームにとって大きな意味を持たない。たとえば、熱量のスコアが〇・五なら個人にとっては好ましい結果かもしれないが、チーム力学を説明する際に統計データを羅列しただけでは、あまり親切とはいえないだろう。

けれども、我々がチームの熱量、関与、探索を測るために編み出した数式を用いると、この三つの要素にまつわるチームの現状をビジュアル化できる。データの意味を明快に伝え、誰にでもわかりやすい図を作成できるのだ。

この図は、これまで気づかずにいたチームの弱点をくっきりと浮かび上がらせる。たとえば、熱量に乏しく関与の足りないメンバーを特定すると、そういった人物は図上でさえも周囲から無視されている

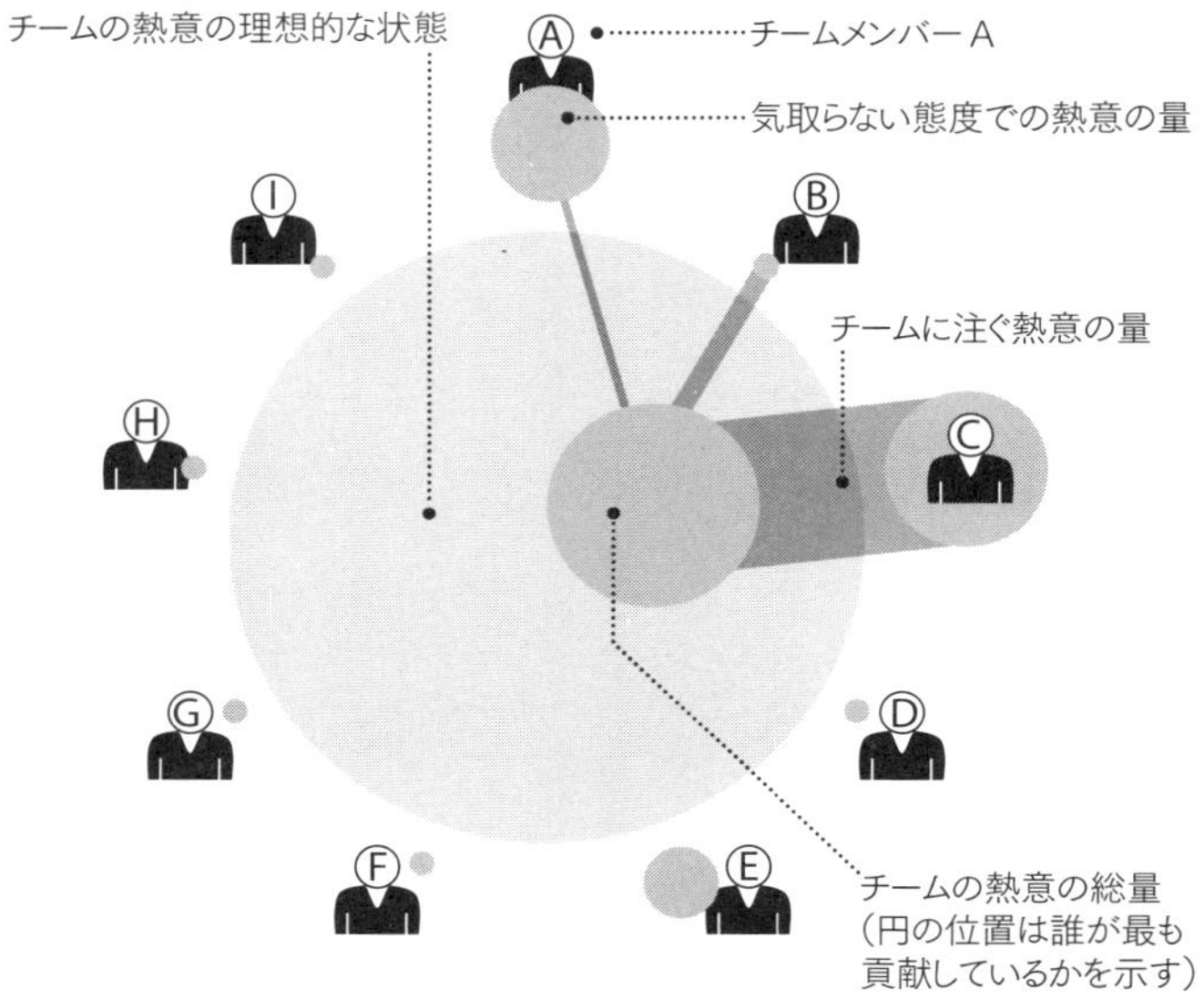

Energy

コミュニケーションの熱量
各メンバーはチーム全体にどう貢献しているか

見ての通り、このデータは顧客サービスの劣悪な支店のものである。メンバー A、C、Eは他のメンバーと比べて、気取らない態度で熱意を示している。A、B、Cはチームに大いに貢献しているが、ほかのメンバーは少しも貢献していない。このような特性は、上司であるCが命令を出して、その右腕であるAとBが命令を徹底させるといった、階層型のチームによく見られる。この3人が「チーム内チーム」を形成しているため、おそらく他のメンバーは蚊帳の外に置かれた気分だろう。リーダーは往々にして、自分がどれほど強権的であるかに驚きと戸惑いを感じ、すぐさま改めようとする。このような図解をチーム全員に配付すると、客観的なデータをもとに、非難や不満とは一線を画した議論ができるため、熱意の低いメンバーでもチームの機能不全について発言しやすくなる。 （p.17に続く）

かのように見える（具体例については、**図表1-1**「チームワークの図解」を参照）。

このような人物がいた場合、我々はその人のバッジデータを次の点から詳しく調べてみる。はたしてこの人は、チームに貢献しようとしているにもかかわらず、無視をされたり、孤立したりしているのだろうか。もしくは、他者を避けて聞く耳を持たないせいで、「意見を聞いてみよう」という同僚の意欲を削いでいるのだろうか。または、チームメンバーのうち特定の一人としかコミュニケーションしないのだろうか。会議で同僚と顔を合わせているのだろうか。それともチームを物理的に避けようとする傾向があるのだろうか。みんなに聞こえるように大きな声で話しているだろうか。もしかしたら、チームリーダーが前面に出すぎているのかもしれない。会議時間の大半で、リーダーがしゃべって

図表**1-1** | **チームワークの図解**

プラハの某銀行では、各支店の業績に大きなばらつきがある状況を危惧して、顧客対応チームの全員に6週間、電子バッジをつけさせた。以下に示す3つの図解のうち、最初の2つは、9人のチームの数日に及ぶデータに基づいており、3つ目はマネジャー層と全チームのやり取りを示している。

我々はデータから、共産主義時代から存続する支店のチームと近代的な支店のチームとでは、大きな差異があると気づいた。興味深いことに、古くからの支店では、チーム内のコミュニケーションが一様にお粗末な半面、チーム外とのコミュニケーションは格段に活発だった。これは、何とかして問題の解決策を見つけようと必死だったことをうかがわせる。新しい支店のチームは熱意がみなぎり、チーム外への探索の必要性は小さかった。銀行のマネジャー層は初期データに目を通した後、これらの図を全チームに公表したほか、チーム編成を改めて新旧支店のメンバーを混在させた。銀行によれば、これらの手立てによって、業務上の気風が全チームで改善したという。

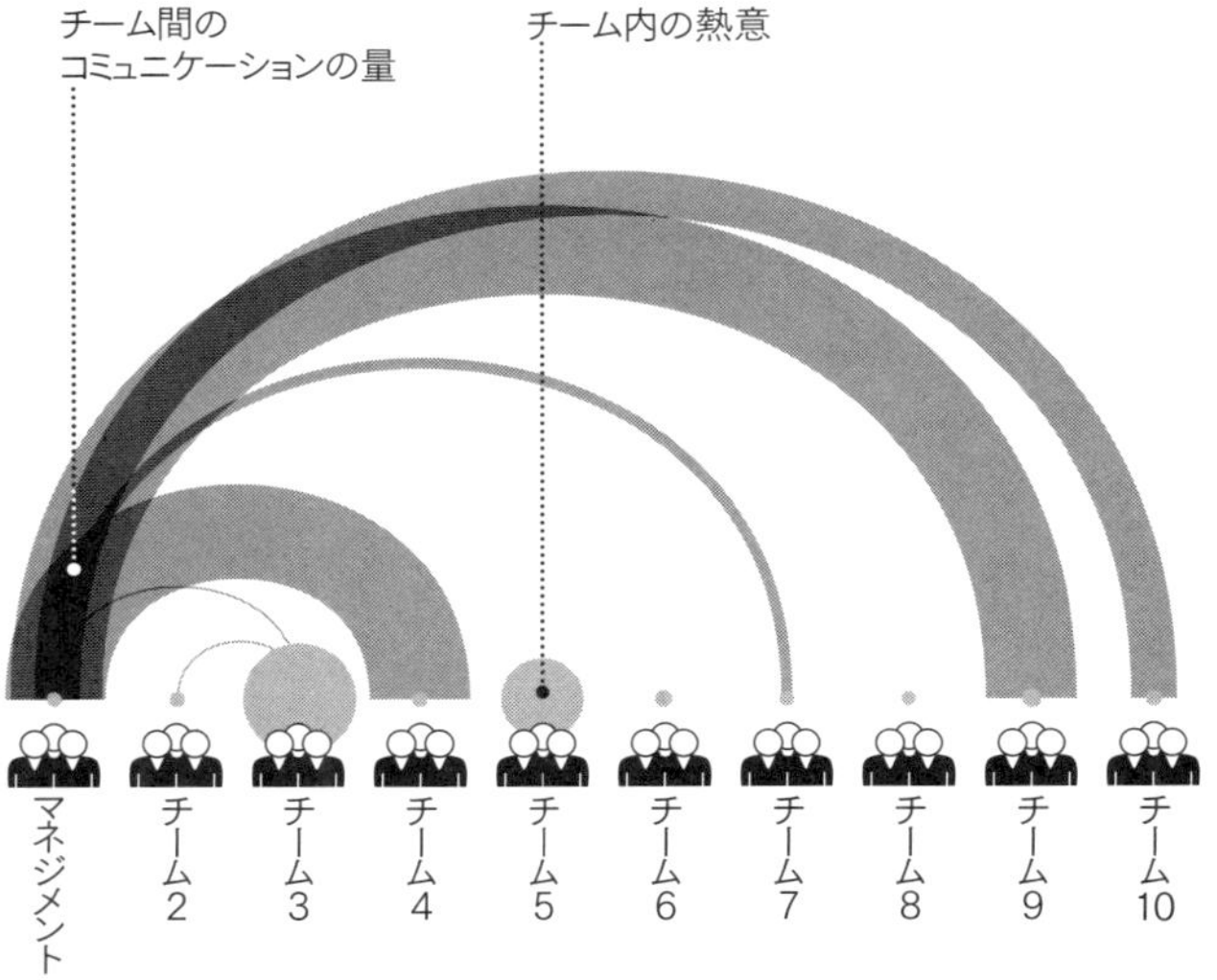

Exploration

外界へと向かう探索
チーム同士はどうコミュニケーションしているか

この図解からは、マネジャー層がさかんに探索を行う様子がわかる。マネジメントチーム内はどちらかというと熱意に乏しいが、それはかまわない。探索に努めていると自分のチームに関与する時間が減るから、探索の度合いが高いと熱意と関与は抑制される。ただしうまく機能している組織では、すべてのチーム間でもっと盛んに探索がなされ、たとえばチーム3と4、5と9の間にも弧が描かれるだろう。全チームの探索状況を時系列で示すと、チーム内のコミュニケーション（円で表示）と他チームとの探索（弧で表示）を代わるがわる行っていたかどうか、わかるはずである。もしこれを実践していないなら、タコツボ化を解消して適度な探索を促す必要があるかもしれない。

（p.14から続く）

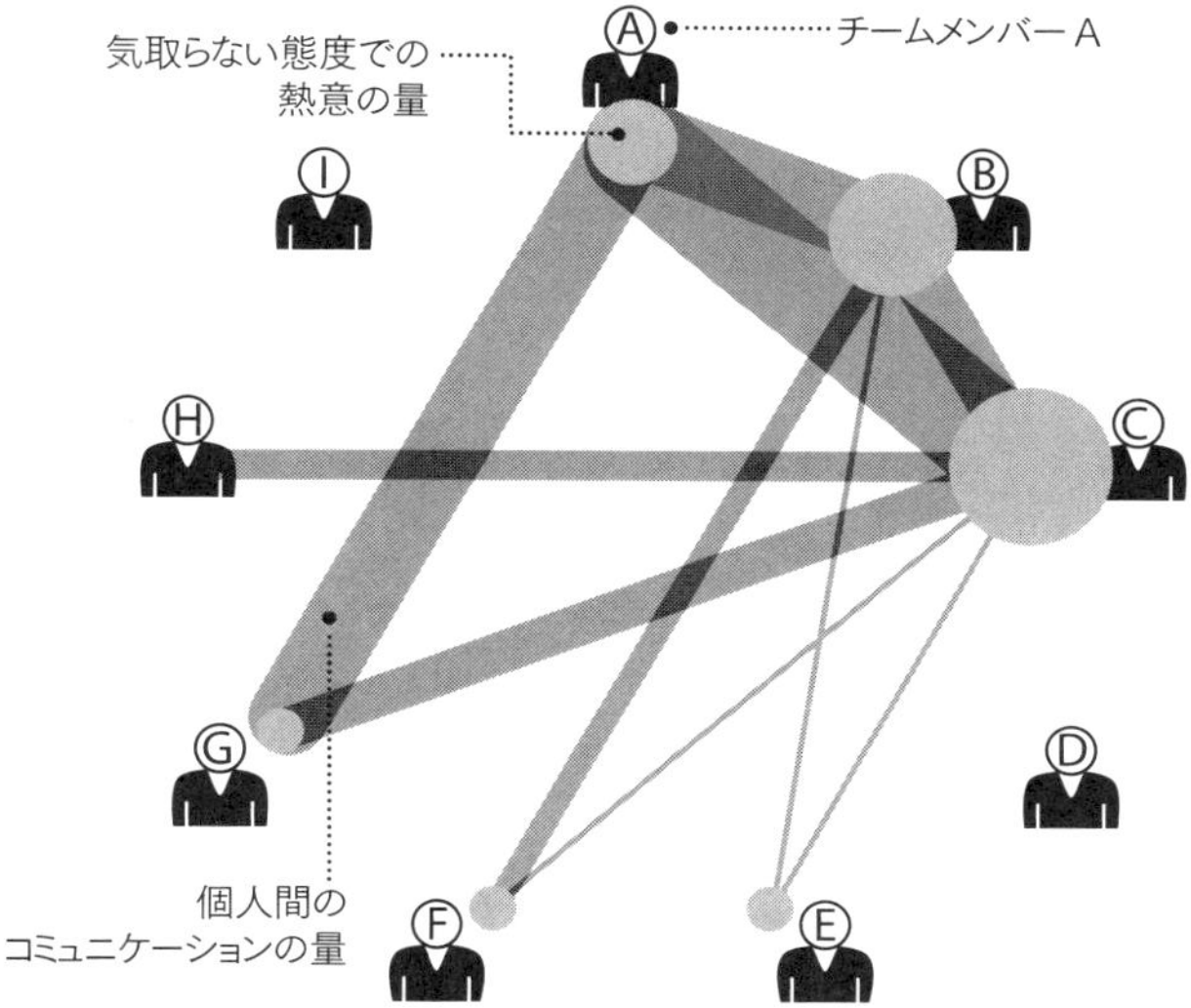

Engagement

チーム全体への関与
メンバー同士はどうコミュニケーションしているか

同じチームを対象としたこの図解は、A、B、Cの3人がやはり圧倒的に関与度が高いことを示している。Gは意思決定をする人々に接触しようと努めているが、関与度が高いのはチーム内チームである。A、B、Cの3人は職階が高いか、あるいは外向的なだけかもしれないが、どちらにしても大きな問題ではない。ここに示されたのは成果の上がらないチームの特性である。アイデアや情報を出す人が少ないからだ。この図解を使うと、リーダーは影の薄いメンバーを特定できる（どうすればもっと積極的に参加してもらえるだろうか？　このプロジェクトに適任だろうか？）。みずからカリスマ仲介役になることもできる。そのためには、互いに話をすべきメンバーを一堂に集めて、彼らがチーム全体に考えを伝えられるよう、手助けをすればよい。

ばかりいて、他メンバーの参加を促す必要があるかもしれない、などと調べるのだ。

こうして、熱量や関与の図から、問題点がはっきり見えてくる。そして、問題点が見えてくれば、改善に乗り出すことができる。探索状況の図解は、組織全体のコミュニケーションの特性を明らかにしている。たとえば、部門の上層部が、全チームを巻き込めずにいる、といった実情をあぶり出す。関与と探索の時系列図からは、チームが関与と探索の二つをうまく両立しているかがわかる。また、詳細を図に追加し、チームメンバー間のコミュニケーションを、種別ごとに分類して図解してもよいだろう。

これを用いると、じかに会って話をすべきなのに、メールを送っただけで済ませるといった、非生産的なコミュニケーションを行っているかどうかなど、さまざまな特性を把握することができるのだ（**図表1-2**「コミュニケーションの時系列図解」を参照）。

ステップ❷研修

データの図解を手元に置けば、ビジュアルフィードバックを繰り返し行うことができ、チームの業績を向上する一助になるだろう。その好例として、日本人と米国人から成る文化の異なる設計チームを対象にした、我々の取り組みを紹介したい（遠隔地に分散するチームや多言語チームは、コミュニケーション上の特別な課題に直面するため、ビジュアルデータはとりわけ有用である）。

このチームの図（**図表1-3**「コミュニケーションの改善状況の図解」を参照）からは、チーム内のコミュニケーションが偏りすぎていると判明した。当初、日本人メンバーが発言しようとせず、チームの熱量と関与が低調だった様子が浮かび上がっていた。

我々は七日間にわたって連日、チームメンバー！にその日の仕事ぶりをビジュアル化した資料を示し、そこからわかる事柄を簡潔に説明した（チームの業務内容を我々は知らず、コミュニケーションの特性しかつかんでいなかった点を、念頭に置いていただきたい）。あわせて我々は、メンバー全員が同等に、多面的な役割をするのが望ましい、とも伝えた。

七日目の図からは、熱量と関与が大幅に向上した様子が伝わってきた。特に、二人の日本人は見違えるように変貌し、そのうちの一人はチームを引っ張っていた。

自分のゴルフのスイングをビデオで分析したり、スピーチの録画を見たりした経験のある人には、ビジュアルフィードバックがすぐに改善につながることは、意外ではないはずだ。客観的な分析によってチームワークを向上させるためのビジュアルツールが生まれたのだ。

ステップ❸業績の向上

ここまで、図解を研修ツールとして活かすと、チームのコミュニケーションを短期間で改善できる様子がわかってくる。では、業績の向上にもつながるのだろうか。答えは「イエス」である。電子バッジデータの活用の最終ステップは、熱量と関与を業績指標との比較で図解することである。

日米混成チームの例では、日々の生産性を自己申告してもらい、それをコミュニケーションの改善と対比して図解した。コミュニケーションの特性が、優れたチームの理想的な形態に近づくにつれて、実

［図の見方］

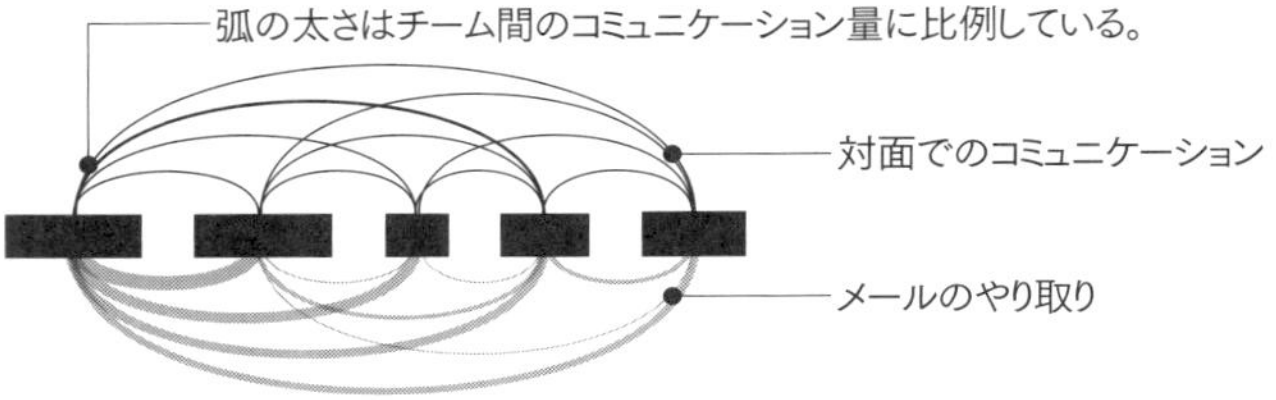

6日目

メールによるマネジメントが依然として幅を利かせている。

（p.23に続く）

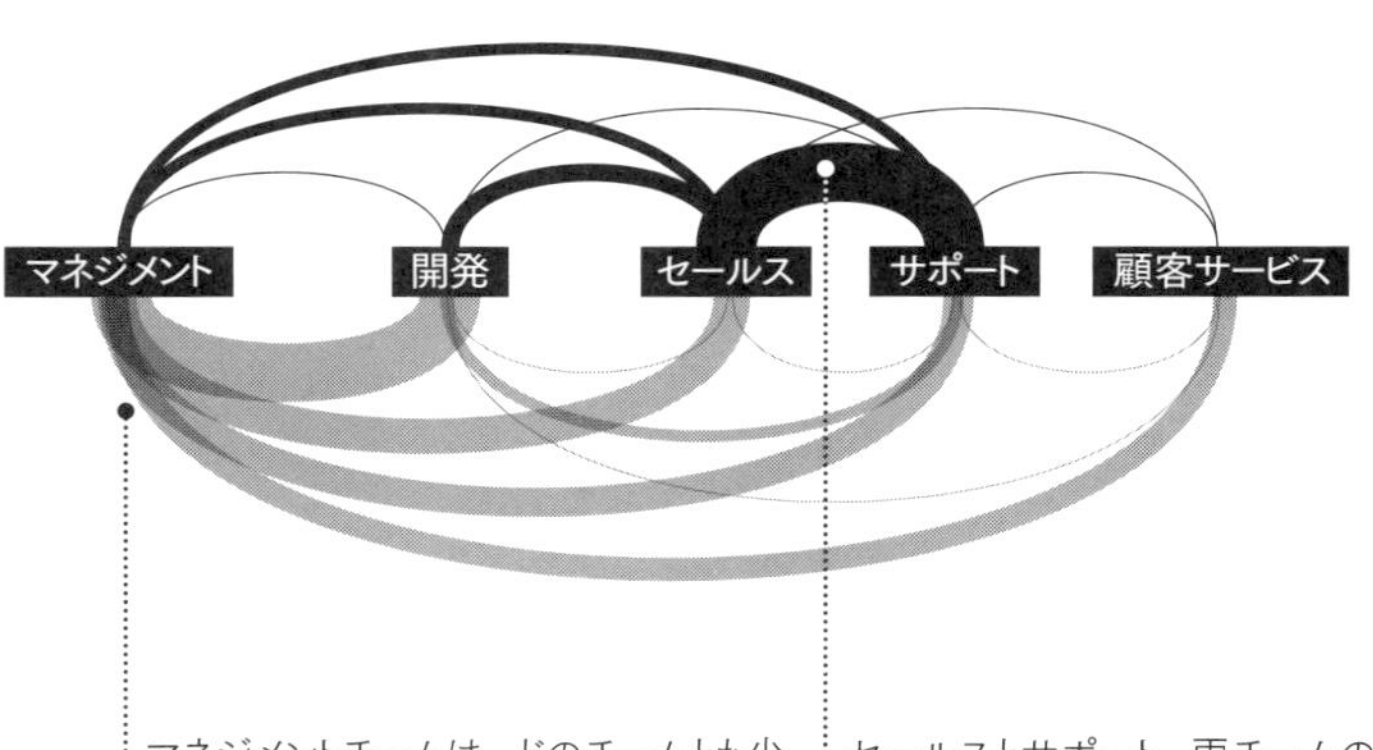

マネジメントチームは、どのチームとも少しは対面でのコミュニケーションをしているが、顧客サービスチームだけは例外である。チーム間の会話はおおむねあまり活発ではない。

セールスとサポート、両チームの間に限っては対面でのやり取りが活発である。これは、新商品発売の準備をしているのだと見て間違いないだろう。

図表**1-2**｜**コミュニケーションの時系列図解**

以下の図が示すのは、ドイツのある銀行が大型新商品を発売した前後のコミュニケーションの特性である。この銀行では、顧客サービス、セールス、サポート、開発、マネジメントの各チームが４人で構成されていた。我々は、価値の大きい対面コミュニケーションと価値の小さいデジタルメッセージの割合をつかむために、対面でのやり取りのデータを電子バッジで収集するほか、メールについてのデータも集めた。

このプロジェクトに対しては、何度も繰り返しフィードバックを行ったわけではない。もしこれを実践したなら、第1週の終わりまでには改善対象になりそうな問題点を３つ指摘していただろう。具体的には、①顧客サービスチームの影の薄さ、②メールへの依存、③チーム間のコミュニケーションの大きな偏りである。これらの問題点に対処していたら、商品をめぐる課題がずっと早く浮かび上がり、おそらくよりよい対応ができていただろう。

2日目 ▶

どう見ても、コミュニケーションのほとんどはマネジメントチームが行っている。

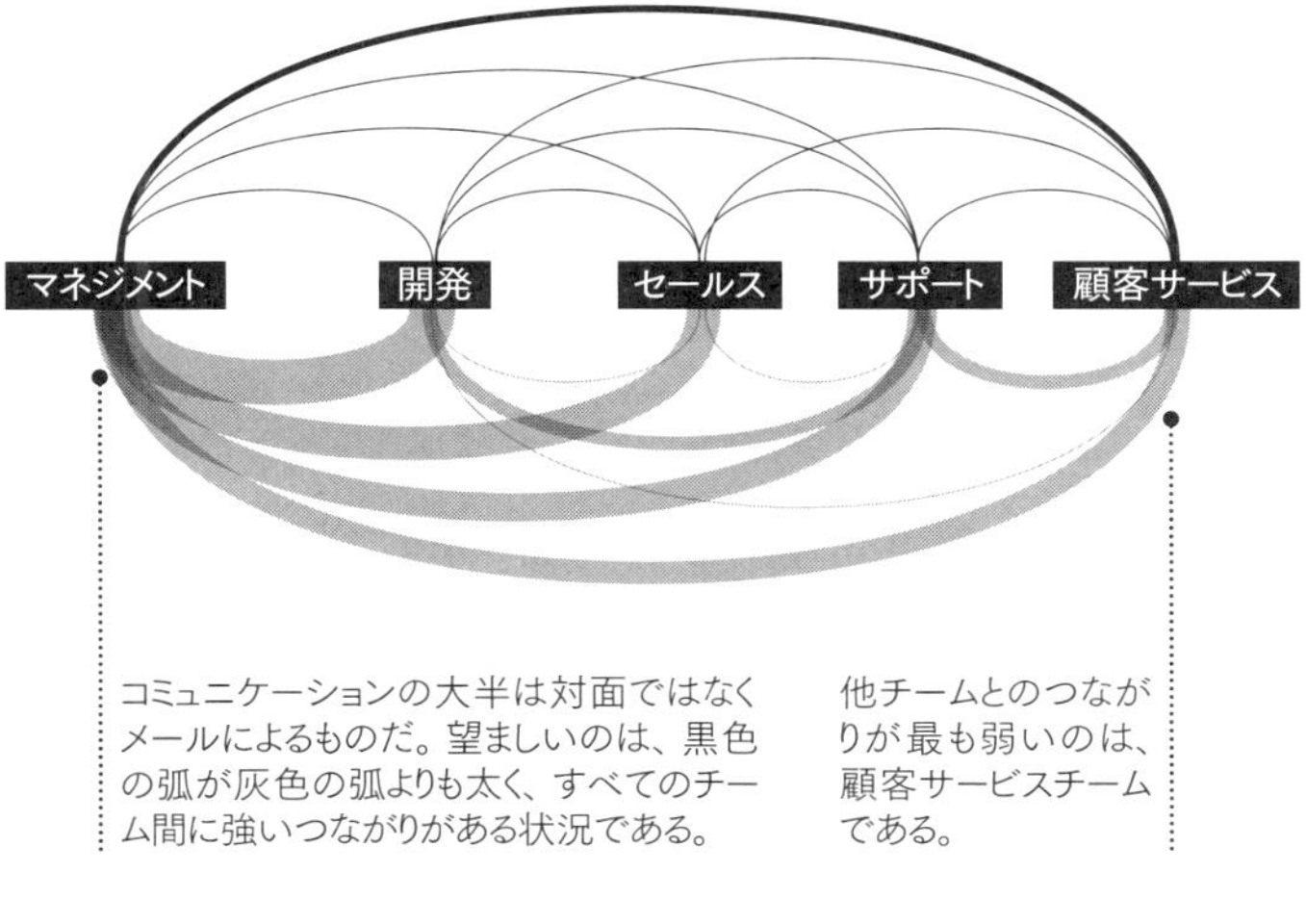
マネジメント
開発
セールス
サポート
顧客サービス
コミュニケーションの大半は対面ではなくメールによるものだ。望ましいのは、黒色の弧が灰色の弧よりも太く、すべてのチーム間に強いつながりがある状況である。
他チームとのつながりが最も弱いのは、顧客サービスチームである。

23日目

新商品の発売後2日目にしてようやく、各チーム間で対面でのコミュニケーションが行われるようになった。惨憺たる発売キャンペーンの現状を確かめて、対処の優先順位を決めようとしているのだ。

メールよりも対面でのコミュニケーションが初めて優勢になった。
苦境に陥ると、じかに会って話す傾向が自然と強まるのだ。

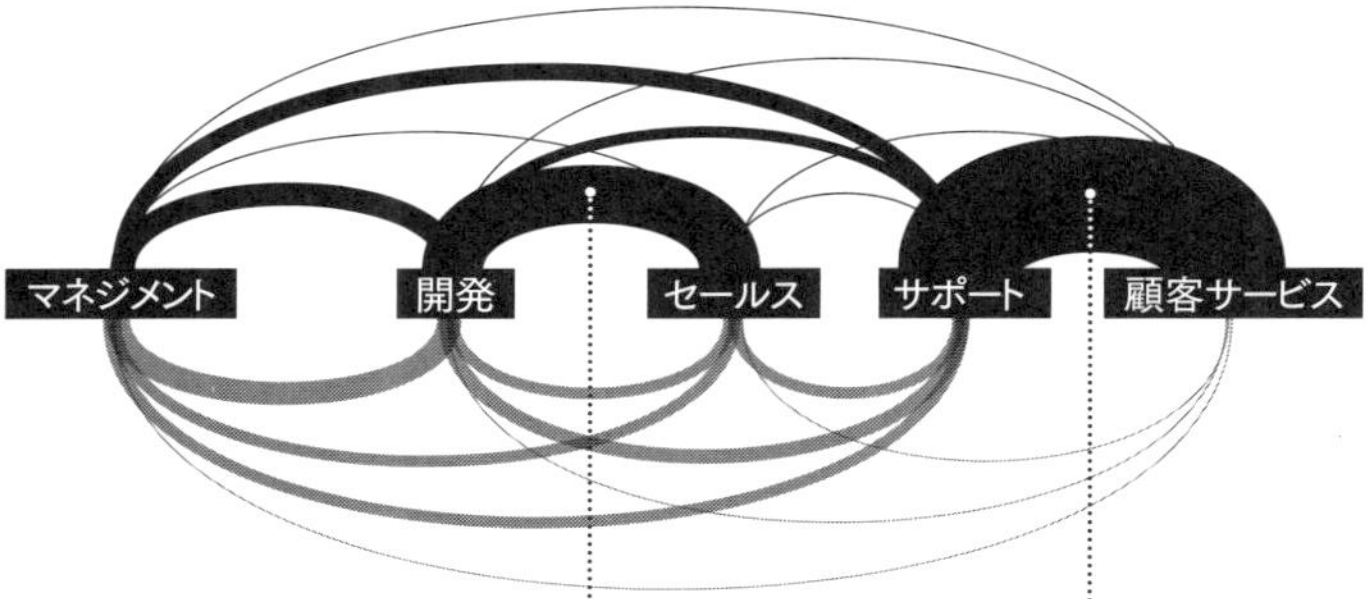

セールスと開発、両チームのコミュニケーション量が跳ね上がったのは、セールスが開発に、なぜ商品がうまく機能しないのか、どうすれば解決できるのかを問い詰めているからだろう。

問題の収拾に向けて、顧客サービスとサポートの2チームは朝から夕方まで、会議室に缶詰めになっている。

際の生産性も上がった。

創造性を高めたいチームや、強い結束を望む経営チームにこれと似たようなフィードバックを繰り返し行ったところ、同じ結果を何度も再現できた。

どの事例でも、業務成果についての自己申告を、コミュニケーションの改善状況と対比しながら図解した。このような図解からは往々にして重要な発見がある。この最適な事例として銀行のコールセンターを挙げよう。

我々はコールセンターの各チームについて、AHTとの対比で熱量と関与を図解し、色分け表示した（**図表1-4**

（p.20から続く）

15日目 ▶

新商品の発売が迫っているというのに、コミュニケーションは驚くほど低調である。

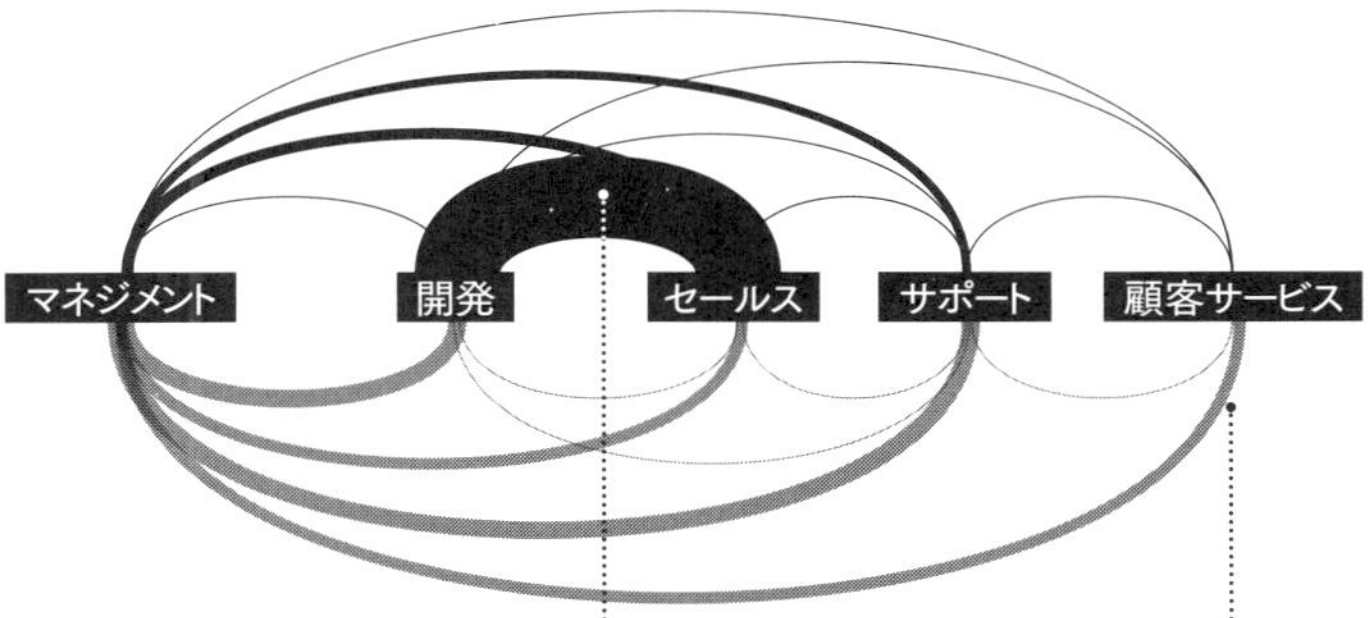

セールスチームは開発チームとの連携をはっきり強めている。おそらく、商品の最終的な仕様をつかみ、専門的側面を理解するためだろう。

顧客サービスはいまだに他チームとの関わりが乏しい。

「業績との対比でコミュニケーションを図解する」を参照）。

この図からは、業績が最もよいチームは熱量と関与が強いチームだと、はっきり読み取れた。ところが意外な発見もあった。熱量は強いが関与は弱いとか、熱量は弱いが関与は強いといったバランスの悪いチームよりは、熱量と関与の両方が弱いチームのほうが、成果が高い場合があったのだ。

つまりマネジャーにとっては、チームの熱量や関与を高める努力をする一方、両者のバランスを取る必要もあるとわかったのである。

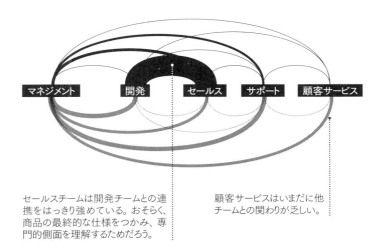

7日目

目覚ましい改善が見られる。日本人メンバーが熱量と関与の両方で貢献を強めている（図の一番下のメンバーが、チームの中でも強い熱量と関与を示している）ばかりか、1日目にチームを牛耳っていたメンバーの何人か（たとえば右下）が、大勢に対して同じくらい熱意を持って接するようになった。

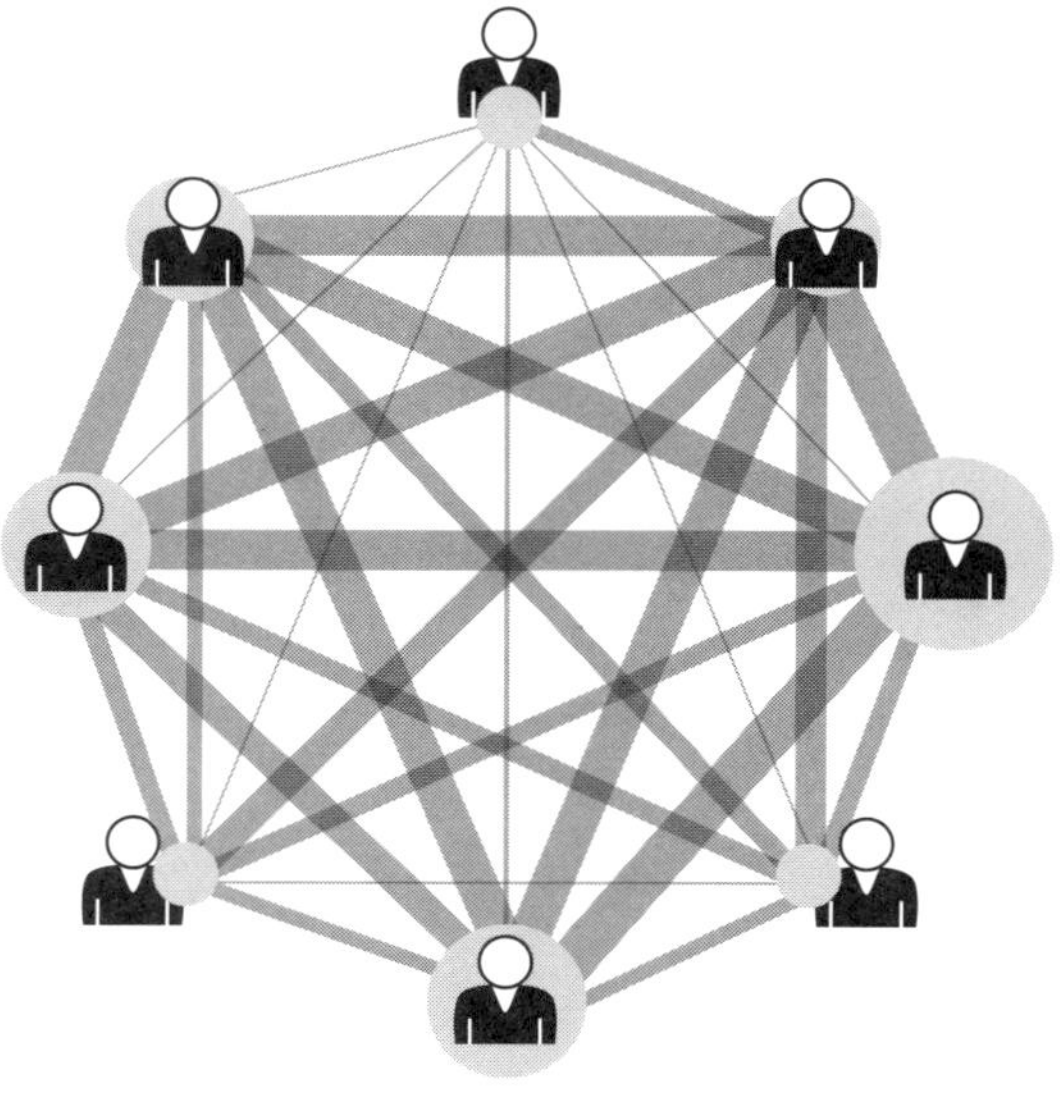

図表**1-3**｜**コミュニケーションの改善状況の図解**

我々のデータからは、遠隔地に分散したチームや多言語チームは融和に苦労する場合が多いとわかっている。距離の果たす役割は無視できない。メールなどの電子的なコミュニケーションでは、対面での会話と同じだけの熱量や関与を引き出せない。文化的な規範も一定の役割を果たす。コミュニケーションの特性について図解を使ったフィードバックを行うと有用である。

我々は日米混成チームのデータを1週間にわたって集めた。このチームは日本で新しいデザインについてブレインストーミングを行っていた。我々はチームに毎日、コミュニケーションの特性の図を示した。そして、望ましいコミュニケーション、つまり、全員が同じくらい熱心に参加する活発なコミュニケーションについて、簡潔にガイダンスを行った。

1日目 ▶

2人の日本人（一番下と左下）はあまり関与せず、右上のメンバーを中心に「チーム内チーム」が形成されている。

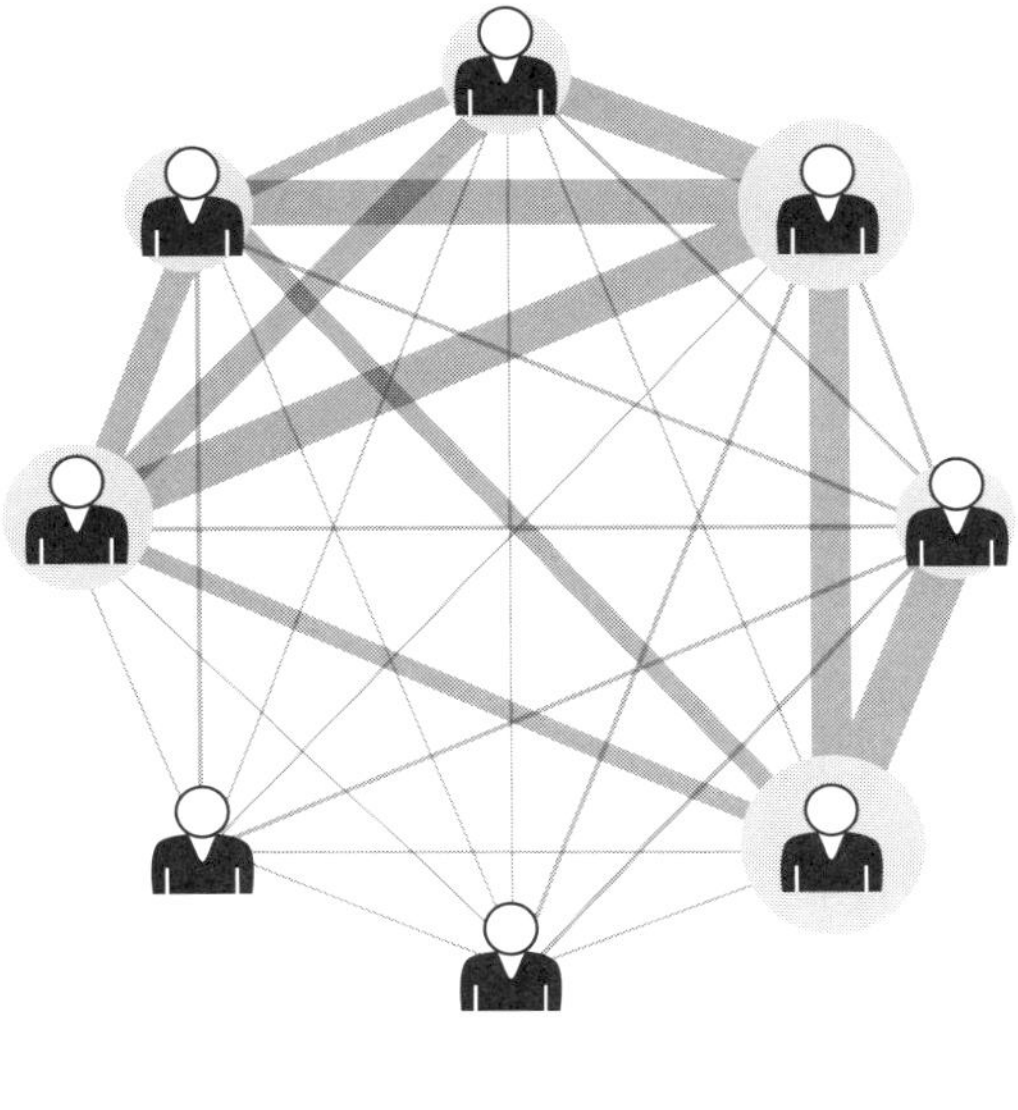

図表**1-4**｜**業績との対比でコミュニケーションを図解する**

図解は、熱量や関与の度合いを定番の業績指標と比べる目的にも活かせる。以下の図は、銀行コールセンターのいくつかのチームについて、熱量や関与の度合いを、効率の指標であるAHT（平均処理時間）と対比したものである。

6週間のAHT実績値を統計的に分析して、それをもとに期待される効率を導き出した。この図からは、熱量と関与がともに高いチームが効率面でも最も優れていることがわかる。その一方、熱量はあるが関与が低い、あるいは熱量は乏しいが関与が高いといったバランスの崩れたチームよりは、熱量と関与がともに少ないチームのほうが成果が高い様子がうかがえる。つまり、コールセンターのマネジャーが成果を向上させるには、複数の方法を取りえるのだ。たとえばAとBは効率が等しいが、熱量と関与のバランスは異なる。

マネジャーは、熱量と関与を性急に引き上げたいと考えていた。我々は、コールセンターの各チームについて、全員がいっせいに休憩を取れるようにしてはどうか、と提案した。これによってメンバー同士の交流、とりわけ非公式の交流が増えて、各チームに熱意がみなぎった。しかも、チーム全員の休憩時間が揃ったことで偏りのない交流が実現し、関与の度合いが増した。この後に、熱量と関与を図上でAHTと対比したところ、結果は一目瞭然だった。効率が平均で8%、それまでの実績が最も低かったチームでは実に20%も上昇したのである。

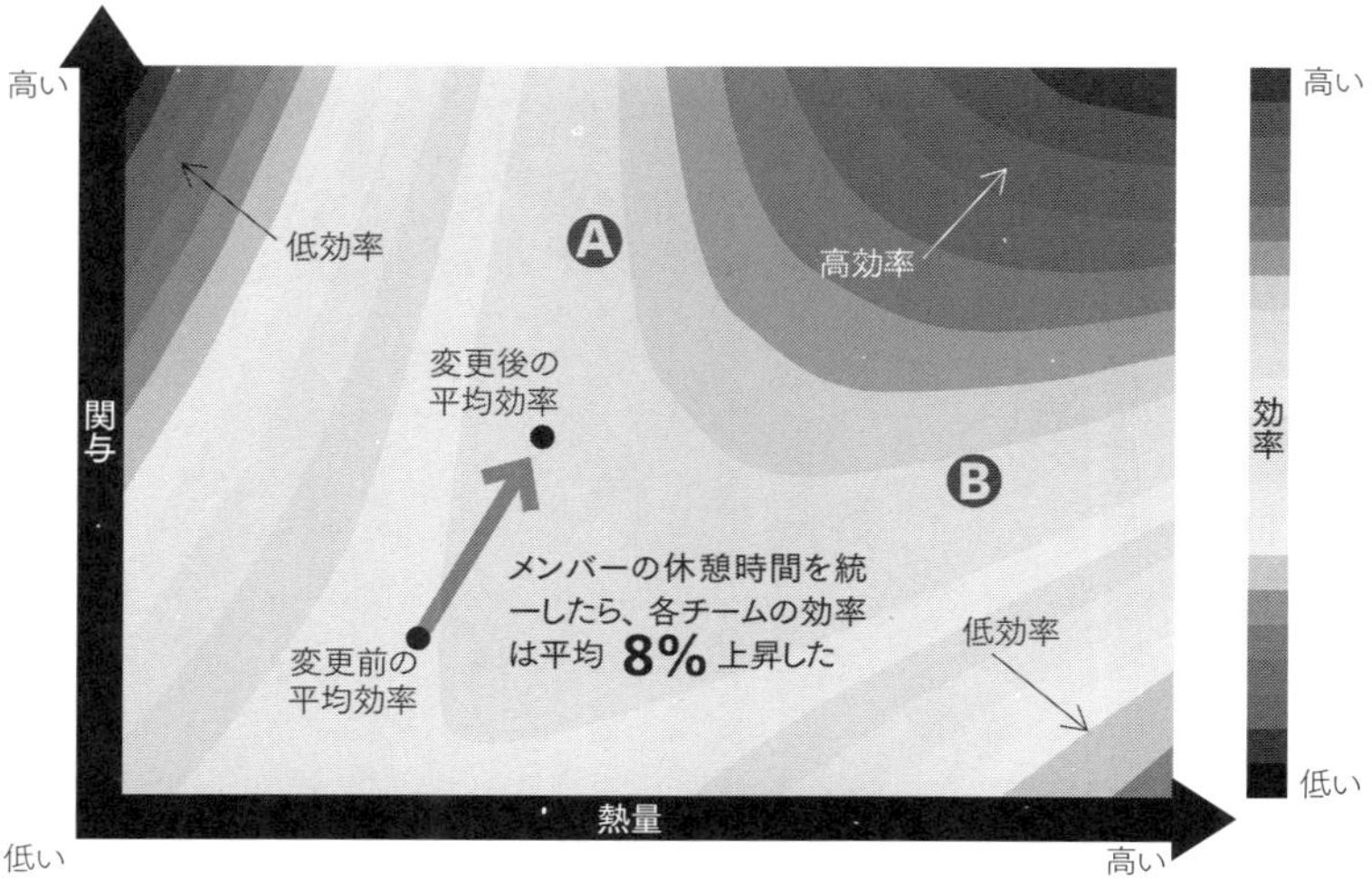

ＡＨＴのような事実データが得られない場合には、コミュニケーションの特性を、主観的データとの対比で図解すればよい。対象チームに、創造性やフラストレーションなどの程度を日々申告してもらい、高い創造性を発揮できた日、フラストレーションが募った日のコミュニケーションの特性を観察する。このフィードバックは往々にして、チームメンバーから「啓示」のように受け入れられるだろう。

どのように実践するか

ここまでの内容を見ると当然、「熱量や関与を高める必要性に気づいたら、どうそれを実践すればよいのか」「これらの指標を向上させるには、どういった手法が最適か」という疑問が湧いてくるだろう。

実は、オフィスのレイアウトや座席の配置を改めるような単純な手立てでも効果がある。

または、誰かが模範を示すのもよい。マネジャー自身が、全員が同じようにチーム活動に参加するよう熱心に働きかけたり、対面でのコミュニケーションを増やしたりするのである。方針の変更が、チームの成果向上に役立つ場合もある。一例としては、会議の定番ともいわれるロバート議事法(注2)を手本とすることをやめるのも、変化を後押しするうえでの優れたやり方である。

場合によっては、チームメンバーを入れ替えて新風を吹き込むのが、熱量や関与を強める最高の方法かもしれない。もっとも我々の見たところでは、そこまでの必要がない場合も多い。たいていの人はフィードバックを受けると、他人の話をさえぎらないようにする、対面でのコミュニケーションに努める、相手の話を熱心に聞く、といったことを実践できる。またリーダーは、このデータを活用してチームの変革を強く推し進めるべきなのだ。

理想的なチームプレーヤー

我々は、生産性を重視するチームと創造性を重視するチームの両方に、理想的だと思われるチームプレーヤーのデータ特性を突き止めた。その理想的なチームプレーヤーは、「生まれながらのリーダー」と呼ばれる場合もあるかもしれないが、我々は「カリスマ仲介役」と名付けた。電子バッジデータによると、彼らは積極的に歩き回り、人々と手短ながらも熱心に言葉を交わす。自分の時間を民主的に使うのである。

つまり、誰とでも同じようにコミュニケーションをし、メンバー全員に役割の機会が行き渡るように気を配る人だ。必ずしも社交的ではないが、他人に話しかけるのは苦ではない。自分が話すだけでなく、それ以上に相手の話を聞き、たいていはとても真剣に耳を傾けることを「明確な目的意識を持った熱心な聞き方」と、我々は呼んでいる。

理想的なチームプレーヤーは、メンバー同士をつないでアイデアを広める役目も果たす。そして、適度に探索にも努め、チーム外からアイデアを探そうとするが、チームへの関与もおろそかにしない。MIT主催のエグゼクティブ向け一週間集中講座の参加者を対象に調べたところ、この「カリスマ仲介役」が大勢いるチームほど、業績が好調だと判明した。

＊　＊　＊

チームビルディングは間違いなく科学的な研究の対象だが、いまだ揺籃期で発展途上にある。我々の研究により、チームの力量を見極めるうえで、何より重要になる指標は、コミュニケーションの特性だと判明した。今後は、データと調査手順の改善に取りかかり、測定手法をさらに洗練させ、分析をより深め、チーム全体や個々のメンバーの類型を精緻化するための新ツールを考案すればよいだろう。これを助ける電子バッジもまた進化している。第七世代になり、従来のＩＤバッジと同じくらい小型化して目障りでなくなった半面、収集できるデータの量や種類は増えている。

我々は、チームやそのリーダーに、即座にコミュニケーションについて、フィードバックを行えるよう、アプリケーションを開発して実験に着手している。電子バッジは、チームだけに限らず、より幅広い用途へ対応が進んでいる。企業の全従業員に長期にわたって電子バッジを着用してもらい、「ビッグデータ」を集めれば、チームビルディング、リーダーシップ、交渉、業績評価など、あらゆることの特性を探り出せるだろう。

そして、データをもとに、オフィススペースやコミュニケーションツールが変化することだろう。グローバル経済下で、極めて重要な意味を持つ、遠隔地での業務や多文化チームにおいて、特徴を探り、適正化を図ることによって、大幅な改善がなされることを期待している。

いまや組織のすべてを、あたかも透視するかのように見通せる状況になりつつある。「透視」などと書くと霊感に頼るような印象を生むかもしれないが、実際には、確かな根拠とデータに基づいているのだ。今後、画期的に組織の機能が改善されていくだろう。

コミュニケーション形態はなぜこれほど重要なのか

不条理のようだが、コミュニケーションは、中身よりも形態のほうが、高い業績を上げるうえではるかに重要だと言っても過言ではない。人類の進化の歴史を振り返ってみると、言葉が発達したのは比較的最近だ。しかも、まず間違いなく、支配、関心、感情を伝える際に用いた古くからの合図を土台にしているはずだ。この古くからのコミュニケーション形態はいまなお、筆者たちの意思決定や、チームでの協調のあり方を左右している。

太古の人々は問題解決にどう取り組んだのか、想像してみよう。みんなで（チームで）焚き火を囲みながら提案を出したり、気づいたことを説明したりしていた。頷く、身振り手振りを使う、声の調子を加減するといった方法により、関心や同意を表していた。チームに貢献しないとか、関心や賛同の度合いを示さない人がいると、情報不足のせいで望ましい判断を下せず、飢餓に直面することもあったかもしれない。

【注】

（1）Alex "Sandy" Pentland, "Defend Your Research: We Can Measure the Power of Charisma," HBR, January-February 2010.（未訳）を参照。

（2）一八七六年米国陸軍ヘンリー・ロバートによって作成された、議事進行の規則。主に民間団体で用いられるように、米国議会の議事規則を簡略化したもので、日本を含め世界各国の公式会議で採用されている。

第2章

【インタビュー】チームワークの嘘

ハーバード大学 教授
J. リチャード・ハックマン

"Why Teams Don't Work"
Harvard Business Review, May 2009.
邦訳「チームワークの嘘」
『DIAMONDハーバード・ビジネス・レビュー』2009年9月号

J. リチャード・ハックマン
(J. Richard Hackman)

ハーバード大学心理学部エドガー・ピアス記念講座教授。20年近くにわたり、エール大学で教鞭を執ったチームダイナミクスの分野における先駆的な研究者。2013年死去。

我々はチームワークが苦手である

過去二〇～三〇年の間に、チーム礼賛論が幅を利かすようになった。米国のような独立志向が極めて強い社会でさえ、ほとんどの人が「チームは素晴らしい」と信じて疑わない。チームワークによって一人ひとりがより創造性を発揮し、より生産的に行動すると広く信じられているせいで、新たな課題に直面すると、リーダーは即座に「チームで事に当たるのが一番」と考えてしまう。

しかし、社会心理学ならびに組織心理学の専門家であるハーバード大学心理学部教授のJ・リチャード・ハックマンは、「早計である」と説く。チーム研究の第一人者でもある彼は「チームの知恵」について研究し、その疑問点を探ってきた。ハックマンの知見に学ぶべく、HBRシニアエディターのダイアン・L・クーツがハーバード大学構内にある彼の研究室を訪ねた。

彼はインタビューの中で、人がいかにチームワークを苦手としているか、明らかにした。彼の調査によると、多くの場合、チームメンバーたちの間では、チームの目的についてさえ意見が食い違っているという。合意の形成はリーダーの仕事であり、チームの方向性を決めるに当たって、個人のリスクも職業上のリスクも率先して負わなければならない。さらに、誰をチームに入れるのか、どのようにチームを立ち上げるのかについて、リーダーの仕切りが悪いと、失敗する可能性が高くなるのだ。

以降は、ハックマンへのインタビューをまとめたものである。

チームワークは個人の力に勝るのか

ＨＢＲ（以下太文字）：著書『ハーバードで学ぶ「デキるチーム」五つの条件(注1)』の冒頭では「家を建てる時、一人だけでなく、複数の人が力を合わせると、どうなるでしょうか。（ａ）一人で建てる時より早くできる、（ｂ）一人で建てる時より時間がかかる、（ｃ）建てられない」という三択問題を出されていますね。

ハックマン（以下略）：この選択問題は、小学四年生を対象としたオハイオ州の標準テストで実際に出題されたものです。もちろん正解は、仕事が速く進みますから、（ａ）になるはずです。この話は私のお気に入りでして、なぜなら、我々がいかに早い時期から「チームワークは素晴らしい」と教え込まれているかを示しているからです。

何か事に当たる場合、チームこそ民主的な、そして効率的な方法であると考える傾向が一般的です。チームを組めば、魔法が使えるようになったり、何かすごいものが生まれてきたり、これまで想像もつかなかった品質や素晴らしいものを集団で創造できる可能性があるというのです。その点については、私もその通りだと思っています。

ただし、鵜呑みにしてはいけません。私の調査では、必要以上のものが与えられていても、チームが平均以下の成果しか上げられないことが一貫して示されています。

その理由は、チーム内の調整と動機付けに問題があり、コラボレーションによって得られるメリットがなし崩しにされることにあります。また、強い絆で結ばれ、打てば響くようなチームでも、他のチームと競い合っているうちに、張り合うことが目的になってしまうこともあります。そこでチームリーダーを任されることは、ツーストライクで代打に出されるようなものです。チームワークが単独の場合よりも劣ることが多い原因の一つです。

リアルなチームと絶対的な方向性が不可欠だ

「チームワークを成功裏に進めるには、そのチームがリアルでなければならない」ともおっしゃっていますが、どのような意味でしょうか。

最低限、メンバーと非メンバーがはっきり棲み分けられている、つまりチームメンバーが特定されていなければなりません。このように申し上げると、「何をばかなことを言っているのか」と思われるかもしれませんが、チームリーダーになる予定でしたら、まずチームメンバーの顔触れについて把握すべきです。

二〇〇八年に出版された、ルース・ワーグマン、デボラ・ニューンズ、ジェームズ・バラスと私の共著『成功する経営リーダーチーム　六つの条件[注2]』では、さまざまな国の一二〇余りのトップチームについてデータを収集、分析しました。

予想通り、調査したトップチームのほとんどすべてが、「きちんと棲み分けをしている」と考えていました。そこで、「あなたのチームのことを説明してください」と頼んだところ、誰がメンバーなのか、正しく答えられた人の割合は一〇％に届きませんでした。いずれも執行役員たちで構成されたチームだというのに。

このようにトップチームの境界線が曖昧なのは、多くの場合、ＣＥＯの責任です。一部の人をのけ者扱いしていると思われるのを恐れるあまり、あるいは逆に、社内政治上の理由だけでメンバーを選ぼうとしているために、ＣＥＯが組成したチームは機能不全に陥ることが少なくありません。

実のところ、チームの顔触れを考える際には、冷徹な判断が求められます。つまり、チームに参加したい人すべてをメンバーにすべきではありませんし、何人かについては外れてもらう必要もあるのです。

我々が調査した大手金融サービス会社では、ＣＦＯが経営委員会のメンバーから外されていました。なぜなら、彼はトラブルメーカーだったからです。そのＣＦＯはチームワークが苦手で、力を合わせて解決策を見つけるといったことには消極的で、彼が参加するチームでは、例外なくトラブルが生じていました。

それでもＣＥＯは、彼が本当に優秀だったため、ＣＦＯの仕事を続けてほしいと頼みました。ですが、経営陣の一員になることは認めませんでした。このＣＦＯは当初、プライドを傷つけられたと感じていましたが、結局のところ、うんざりするような会議に出席しなくて済んだことで、かえって楽しく働けるようになりました。そして、経営委員会も、彼がいないせいで、うまく回るようになりました。

うまくいったのも、経営委員会の前と後に、CEOが必ずCFOにすべてのことを伝えたからです。そして、このCFOが出席しないおかげで、経営委員会は本当のチームになることができました。


「チームには、絶対的な方向性が必要である」とも述べられていますが、どうすればわかるのでしょうか。


方向性を決定するうまい方法など、ありません。それを決定する責任は、チームリーダーが背負うこともあれば、チームとは別の組織の誰かが担うこともあります。あるいは、パートナーシップや取締役会のように、チーム全体として負う場合もあるでしょう。

ただし、責任の所在をどこに置こうと、方向性を決定するには、権力の行使を常に伴うため、それを行う側にも、被る側にも、その過程で必然的に不安と迷いが生じます。したがって、方向性を決めることは精神的にきつい仕事といえます。

内面的に成熟しているリーダーは、困難とはいえやりがいのある方向性を示しつつ、不安をかき立てるような状況にあえて踏み出します。ただしその過程で、リーダーの仕事を脅かすくらい激しい抵抗に遭うこともあります。二、三年前のことになりますが、私が講師を務めていたエグゼクティブセミナーの出席者の一言から、このことに思い至りました。

私はそのセミナーで、しかるべき方向性を打ち出したリーダーは、チームの使命において、けっして臆することなく、いかにおのれの責任を果たすかについて話していました。その際、ジョン・F・ケネディとマーティン・ルーサー・キング・ジュニアを引き合いに出しました。さらに調子に乗って、「新約聖書を読んだ人は、イエス・キリストが聖職者の目的を決めるために会合を開いたりしなかったことを知っています」と話しました。

すると、参会者の一人が私の話をさえぎり、こう言いました。「たったいま、二つの暗殺と一つの受難に言及されたことにお気づきですか」

チームについて、ありがちな誤謬とは何でしょう。

概して「足並みの揃ったチームは、そうではないチームよりも優れており、生産性でも勝る」と考えられています。ですが、我々が交響楽団を調査したところ、実際には多少の不満を抱えているオーケストラの演奏のほうが、メンバー全員が満足し切っているオーケストラのそれよりも若干優れていることが明らかになりました。

原因と結果の順序が、一般に考えられている順序と逆であるために、先のようなことがいわれるわけです。つまり、チームメンバーたちが生産的で、協力して何か優れた成果を収めて――そしてそのことが評価されて――初めて満足感が得られるのであって、その逆ではないのです。

言い換えれば、オーケストラの演奏の出来不出来は、演奏前のメンバーたちの心理状態よりも、演奏後の彼ら、彼女らの心理状態に色濃く表れるといえるでしょう。

もう一つの誤謬は、「大きなチームのほうが、小さなチームよりも優れている。なぜなら、利用できる資源が多いからだ」というものです。ある同僚と一緒に実施した調査では、チームの規模が大きくなればなるほど、管理すべきメンバー間の関係が加速度的に増えることが明らかになりました。そして、チームを混乱させるものこそ、メンバー間の管理なのです。

私の経験則では、せいぜい一〇人が限界です。たとえば私の授業では、六人以上のチームを認めていません。大きなチームはたいてい、メンバー全員の時間を浪費するはめになります。そのため、大人数のトップチーム、しかもCEOの直属の部下たちも名を連ねているチームは、ばらばらの場合よりも、たちが悪いかもしれません。

おそらく最も一般的な間違いは、「チームメンバーたちはある時点で、お互いに気心も知れ、気安くなるため、互いの欠点を受け入れ始め、その結果、チームの業績が低下する」というものでしょう。しかし、特殊な種類のチームを除いて、私はその根拠をまだ見つけられずにいます。

ある調査によれば、創造性と目新しい視点を失わないために、R&Dチームには新しい人材を投入する必要があるそうです。ただし、そのペースは三、四年ごとに一人という緩やかなものです。問題は、ほとんどの場合、チームの雰囲気が淀んでしまうことではなく、チームが安定しないことです。

真のチームワークを築く方法とは何か

それでは、目新しさはマイナスということですか。

そうです。このことに議論の余地がないことは、調査が証明しています。民間航空機の乗務員たちを例に取りましょう。

米国国家運輸安全委員会（NTSB：National Transportation Safety Board）の調査によれば、NTSBのデータベースに記録されている飛行機事故の七三％が、乗務員たちが初顔合わせした日に発生しているそうです。すなわち、彼ら、彼女らは、経験を通じて最高のチームワークを学ぼうにも、まだその機会がなかったのです。また、これらの事故の四四％が、これら乗務員たちが初めて飛行《フライト》した日に発生していました。

NASA（米国航空宇宙局）の調査では、疲れてはいるものの一緒に搭乗した経験のあるチームと、休養を取って結成されたばかりのチームを比較すると、前者のミスは後者のそれのほぼ半分だったそうです。

それでは、なぜチームを同じクルーのままにしておかないのでしょう。

それは、財務的に効率的ではないからです。財務上、設備投資と労働力を最大活用するには、航空機とパイロットを個々に見て、アルゴリズムを使い、どうすれば各航空機と各パイロットの利用を最大化できるのかを計算します。その結果、パイロットたちは、多くの場合、旅客と同じように空港内を走り回らなければならなくなります。パイロットの中には、一日に数回、異なる飛行機に乗り、異なる乗務員とチームを組む人もいることでしょう。このような状況は、先のNASAの調査を踏まえれば、およそ賢明とはいえません。

私は以前、某航空会社の運航管理部の人に、「あなたも私も乗務員で、一緒の飛行機に搭乗したとしましょう。では、次回一緒になるのはいつ頃でしょうか」と聞いたことがあります。彼の試算によると、その答えは約五年七カ月後でした。旅客の立場からすれば、このような状況は明らかに望ましいものではありません。

ところで、これまでと対照的な例を挙げておきましょう。それは米国戦略空軍（SAC：Strategic Air Command）です。ちなみに、この組織は冷戦時代、必要が生じれば核爆弾を投下するという任務を負っていました。我々が調査した航空チームの中で、SACのチームワークは最高でした。メンバーたちは一つのチームとして訓練を受け、一致団結することに秀でていました。そうしなければならなかったからです。

リアルタイムでともに働き、ミスを犯すことがいっさい許されない場合、チームメンバーを頻繁に入れ替えずに、何年間も同じメンバーでいくことをお勧めします。

「異端者」がチームのパフォーマンスを高める

最高のチームワークを発揮するために、同じメンバー構成を続ける必要がある場合、気の緩みを防ぐには、どうすればよいでしょうか。

このような時こそ、私が「異端者」と呼んでいる人たちの出番です。どのようなチームにも、異端者の存在が不可欠です。ここで言う異端者とは、同質性を求めるあまり、創造性と学習を抑圧しかねないチームの傾向に抗うことで、チームに貢献する人のことです。

異端者は一歩引いて、冷静な視点から「ちょっと待ってください。我々はいったい全体、どうしてこのようなことをしているのですか。逆の視点で検討するか、あるいは、いっそのこと、反対のことをやってみてはどうでしょう」と提案します。すると、周囲は「いやいや、それこそばかげている」と反論します。そこから、何がばかげているのかについて議論が始まります。

先ほど紹介したCFOは、議論を中断させてチームを脱線させました。対照的に、異端者はたくさんのアイデアを生み出し、チームにさまざまな独自性をもたらします。

我々の調査では、何か独自に生み出したチームと、何の取りえもない平均的なチームを詳細に比較しました。その結果、異端者のいるチームのほうが、異端者のいないチームより高い成果を上げていました。多くの場合、異端の思考は、素晴らしいイノベーションの源なのです。ただし異端者は、多くの場合、個人的に大きな代償を支払って、規範から逸脱している点を言い添えておきたいと思います。

ほかの誰もが言いたがらないことを、異端者は進んで口にします。ですから、異端者は周囲の人たちの不安をいっそうかき立てますが、これは勇敢な行為といえます。流れに任せてボートが進んでいる時、立ち上がって「いったん止まって、方向を変えるべきでしょう」と発言するのは、極めて勇気のいることです。

このような意見を聞きたいと思うメンバーは、チームの中に一人もいないでしょう。まさにこの理由から、多くのチームリーダーが、異端者を取り締まり、ややこしい質問をするのをやめさせようとします。場合によっては、チームから追放してしまうことすらあります。しかし、異端者がいなくなった瞬間から、凡庸なチームになり下がっていく可能性があります。

チームづくりは最初が肝心である

チームワークを効果的に発揮させる秘訣は何ですか。また、チームリーダーはどうすれば、パフォーマンスを向上できるでしょうか。

優れたチームは、内外の関係者を満足させ、時間とともに団結力を強め、またメンバー一人ひとりの学習と成長を後押しします。とはいえ、世界一のリーダーでさえ、成功するチームをつくることは容易ではないでしょう。チームの成功確率を高めることならば、誰にでもできます。そのためには五つの条件を整えることです（**図表2**「チームづくりの五条件」を参照）。

ただしこの場合も、素晴らしいチームを生み出せるという保証はいっさいありません。なぜなら、チ

図表**2** | **チームづくりの5条件**

J. リチャード・ハックマンは、著書『ハーバードで学ぶ「デキるチーム」5つの条件』の中で、企業をはじめ、さまざまな組織のリーダーたちが、実効性のあるチームをつくり、これを維持するうえで満たさなければならない5つの基本条件を提示している。

1 **チームは「リアル」でなければならない**

誰がチームメンバーで、誰がチームメンバーでないか、周知徹底する必要がある。これをはっきりさせるのはリーダーの仕事である。

2 **チームには「絶対的な方向性」が必要である**

メンバーたちが、チームとして取り組むべきことを知り、それに同意している必要がある。リーダーが明確な方向性を示さないと、メンバーたちはそれぞれ、異なる課題を追求するという現実的なリスクがある。

3 **チームには、チームワークを発揮させる仕組みが必要である**

チーム内の仕事がちゃんと定義されていなかったり、メンバーの顔触れや人数が不適切であったり、あるいはチームの規範が曖昧で、強制力を持たなかったりすると、たいていトラブルに陥る。

4 **チームには、支えとなる組織が必要である**

チームワークを促すには、報酬制度、人事制度、情報システムなど、組織環境を整備しなければならない。

5 **チームには、専門のコーチングが必要である**

ほとんどのエグゼクティブコーチたちは、個人の能力に焦点を当てるが、それではチームワークは大して改善されない。チームの作業プロセス、特にプロジェクトの開始時、中間時、そして終了時にグループとして受ける、チームコーチングが必要になる。

ームメンバーたちは、チームが結成されてほどなく、大半のチームリーダーが認識している以上に、自分たちの現実をつくり上げ、みずからの運命をコントロールしようとするからです。

私は一九九〇年、児童劇団から、メンタルヘルスを診療するチーム、ビールの販売と配達に従事しているチームまで、二七組織のさまざまなチームを研究している同僚たちの論文集を編集しました。

これらの調査で、チームメンバー同士が初めて会った時に起こった出来事によって、チームがその後、どのように運営されるのかに大きな影響が及ぶことが明らかになりました。実際、どのような社会システムであれ、その立ち上げの最初の数分間が何より肝心です（**章末**「オバマ政権はひとまず順調に船出した」を参照）。なぜなら、そのわずか数分で、チームの方向性のみならず、チームリーダーとチームの関係、チームに期待され、従わなければならない行動規範も決まってしまうからです。

私は以前、ボストンのヘンデル・アンド・ハイドン・ソサエティで長年にわたって桂冠指揮者を務めているクリストファー・ホグウッドに、「オーケストラの客演指揮者を務める時、初回のリハーサルはどれくらい重要ですか」と尋ねたことがあります。すると、彼は「初回のリハーサル（繰り返し）とは、どういう意味ですか」と問い返して、「最初の数分が、私に与えられたすべてです」と答えて、そのことについて説明してくれました。

ホグウッドは、どのように初回のリハーサルを始めるかに最大の注意を払っていると言っていました。なぜなら、オーケストラのメンバーたちは、彼の指揮の下に一団となって、素晴らしい音楽を奏でられるかどうか、あるいは彼は単なるじゃま者なのかについて、すぐさま評価を下すことを知っていたからです。

特別なチームになるチャンスを広げるために、ホグウッドのようなリーダーたちにできることが一つあります。それは、自分の個性に従うことです。ジェフ・ベゾスのようなリーダーになろうなどと、考えるべきではありません。なぜなら、あなたはベゾス本人ではないからです。むしろ、自分の長所と短所を、うまく仕事の中で活用すべきです。得意分野は徹底的に活かし、苦手分野では誰かの助けを借りるのです。リーダーシップモデルとか、他のチームを真似ようとしてはいけません。なぜなら、唯一無二のチームリーダーシップなど存在しないからです。

効果が得られるような状況をつくり出し、これを維持し、そしてチームがその力を十分発揮できるように支援する方法はたくさんあります。最高のチームリーダーたちは、ジャズプレーヤーのように、状況に応じて即興で対処するものです。

企業はどの程度、チームを支援する環境を整えられるものでしょうか。

皮肉なことに、優秀な人事部を擁する企業は、望ましいチーム行動と相容れないことをやっています。なぜなら人事部は、その原因は、個人の行動を指導、方向付け、矯正する点に優れた制度を導入する傾向があるからです。

たとえば、産業心理学者たちが考え出した人事制度を例に挙げましょう。

この制度の目的は、ある仕事におけるスキルを特定し、これらのスキルに基づいて社員一人ひとりを評価することにあります。このような制度の下で、人事部は、適切な社員たちを、適切な方法で育成する研修制度を用意します。

問題は、全社員がこのような制度の対象になっていることです。人事部が幅を利かせている企業では、もっぱら社員一人ひとりの能力に焦点が当てられるため、チームが本来の力を発揮できないのです。先ほど紹介した我々のトップチームに関する調査では、各メンバーにコーチングを施しても、チームのパフォーマンスが大きく改善されることはありませんでした。

チームがコーチングの恩恵に浴するには、さまざまなグループプロセスに焦点を当てる必要があります。ただし、タイミングがすべてです。

チームリーダーは、メンバーたちを自分の仕事に専念させるために、チームのキックオフミーティングを仕切る方法がわかっていなければなりません。また中間点では、何がうまくいっているのか、そして何がうまくいっていないのかを検討するのを手助けします。その結果、チームのパフォーマンス戦略を修正することができます。

そしてプロジェクトが完了した時、何がうまくいき、何がダメだったのかについて、数分でも反省させる方法を知っておかなければなりません。そうすることで、メンバーたちがこの次、自分たちの知識と経験をもっとうまく使えるようになるでしょう。

チームコーチングの目的はまさしく、メンバー間のコミュニケーションや対人関係を向上させることではなく、仕事上、よりよいチームワークを育むことにあります。

バーチャルチームにもマネジメントが必要である

バーチャルチームが最近、注目されています。はたして、バーチャルチームは、はたしてちゃんと機能するのでしょうか。あるいは、ジョー・フリーマン（注3）が称した「無組織の暴虐」（tyranny of structurelessness）という状態に陥るのでしょうか。

たしかにバーチャルチームは、ここ一〇年くらいの間に、その存在意義を認められるようになりました。ただし、私はバーチャルチームが従来のチームとは別物だとは思っていません。

「全員がネット上に集まってくる」とか、「集合知が自動的に広がっていく」とか、「組織を超えたバーチャルチームは、フェース・トゥ・フェースで作業しているチームにはけっして生み出しえない、斬新で意味深長な何かを創造する」といった幻想が当初ありました。

しかし、それは夢の世界でした。やはり、バーチャルチームが功を奏するには、フェース・トゥ・フェースのチームと同じく、基本的な条件を整える必要があります。

とはいえ、考えられていた以上に少ない頻度のフェース・トゥ・フェースでも、チームが機能しうる状況が目の前にあります。たとえば、ＩＴを使えば、ウェブ会議中にチャットのウインドーを開き、そこに"hand"とタイプするだけで「次に発言したい」という合図を送れます。「発言したい」ことを伝えるために、会議の参加者たちに顔を見せる必要はありません。

しかし、抜かりなく組織されたバーチャルチームでも、メンバー全員が出席するキックオフミーティング、中間時点でのフェース・トゥ・フェースの検討会、そしてライブの報告会などを設ける必要があります。

メンバーの顔触れやチームの任務をわかっていなければ、オンラインチームはうまくいかないでしょう。そして、いまのところ、これがバーチャルチームの問題として残っています。


チームワークの難しさを踏まえ、組織におけるチームの重要性について再考すべきなのでしょうか。


おそらく、そうでしょう。多くの人は、チームプレーヤーであることが自分の価値を示す一番の基準であると考えて行動するものですが、それは明らかに違います。単独のほうがうまくやれることもたくさんありますし、また素晴らしい個人プレーを罰するべきではありません。

ここでちょっと、冒頭で紹介した小学四年生向けの三択問題に戻って、一軒の家を複数の人で建てることについて考えてみましょう。現実の答えはおそらく、「(b) 一人で建てるより時間がかかる」あるいは「(c) 建てられない」になる可能性が高いといえます。

コラボレーションは、とりわけ創造性が求められる活動では、役に立つよりも、かえって足を引っ張る場合が少なくありません。したがって、リーダーの課題は、個人の自立性と集団行動がバランスするところを見つけることです。

どちらにしても、極端に走るのはよろしくありません。ですが、一般的には、組織内の個人主義の悪い面がより認識されています。チームというものが強力かつ統制的であり、それゆえに破壊的な存在となって、個人の意見や貢献、学習の機会を奪うことが忘れられがちです。

たとえば、我々が調査したあるトップチームでは、チームプレーヤーであることが極めて高く評価されていたため、メンバー一人ひとりがチームの和を乱すことを恐れ、各人の貢献が突出しないよう、自主規制していました。

このトップチームは、協調と善意の精神の下、一連の活動に着手しましたが、それは失敗に向かっていました。しかし、何人かのメンバーがプランニングの過程で、失敗するかもしれないと察知していたのですが、そのことを口にしませんでした。

現在の金融危機も、会議の最中、もっとたくさんの人たちが「そのやり方は間違っている」と発言していれば、これほど破滅的なものにはなっていなかったかもしれません。しかし、勇気は危険行為であると、あらためて思うことでしょう。

勇敢で正しいことを行い、はっきり口に出す人たちは、天国はもちろん、地上でも報われると思いたいものです。ところがこの地上では、必ずしも報われるとは限りません。

たしかに、チームの一員でなければ、キャリアの先行きは暗いかもしれません。だからといって、真に献身的なチームプレーヤーであることは──チームリーダーであれ、異端者であれ、あるいは真実を語る一メンバーであれ──危険ですらあるのです。

オバマ政権はひとまず順調に船出した

歴史家　マイケル・R・ベシュロス

猛獣使い

J・リチャード・ハックマン教授が言うように、チームでは、その立ち上げが極めて重要である。その点で、バラク・オバマ（第四四代大統領）はかなりうまくやったといえる。オバマは、これまでの大統領たちよりもはるかに早く、政府高官たちを任命した。大統領に選ばれた瞬間から未曾有の危機と対峙することになったため、素早く行動しなければならなかったのだ。

しかし、そのスピードのマイナス面も挙げられる。たとえば、ウィリアム・ブレイン〝ビル〟リチャードソン（現ニューメキシコ州知事で、全米唯一のヒスパニック系知事。自身の支持者に汚職疑惑が浮上して辞退）を商務省長官に、トーマス・A・ダシェルを厚生長官に指名した（いったんは就任したが、納税の申告漏れで辞任）が、これはかなわなかった。

一方で、ヒラリー・クリントンを国務長官に、ジェームズ・ジョーンズを国家安全保障会議の要となる大統領補佐官に任命したように、オバマは、強烈な気質と確固とした考え方を持ち合わせた実力者たちをチームに迎えた。このような布陣からは、我らが大統領は異なる意見も受け入れる力量があると感じさせる。また、クリントンらを任命したことから、「かつてのライバルの才能を活用したい」と切望していることが明らかになった。

これは、ジョージ・W・ブッシュ（第四三代）が大統領だった時と、まったく対照的である。二〇〇〇年の共和党予備選でジョン・マケインを支持した人たちが職を求めてブッシュを訪ねてきた時、彼の側近たちは、次のように言い放った。「お気の毒ですが、あなた方は負け馬を支持しました」

もちろん、論争好きで強烈な個性の持ち主たちを登用したことで、まさしくオバマはリスクを抱えている。彼が調停役を務めることに、多くの時間とエネルギーを費やさなければならないのは必至と見られる。実際、フランクリン・ルーズベルト（第三二代）がそうだった。彼も勝気な人たちを入閣させていた。

しかし、F・ルーズベルトがオバマと決定的に異なる点が一つある。すなわち、ルーズベルトは内輪もめを是とする性質であった。彼は、人々が互いに張り合うことを望んだ。誰であろうと、競争させれば最高の成果が生まれてくると信じていたのだ。実際、ルーズベルトは時々、部下たちを苦しめるのを楽しんでいた。オバマはそうではないだろう。

ほとんどの大統領たちは、むしろ穏やかな体制を好み、時には、政権の主要プログラムに異議を唱えないことを、忠誠心の証と見なす。リチャード・ニクソン（第三七代）は、ベトナム戦争の方針に反対したという理由から、内務長官のウォルター・ヒッケルを罷免した。リンドン・ジョンソン（第三六代）政権では、反対者――ハックマンが称するところの異端者――が一人いた。ベトナム戦争に強硬に反対した国務次官のジョージ・ボールである。

ジョンソンは、「イエスマンたちで周りを固めている」と苦言を呈された時、ボールを引き合いに出した。しかし実際には、ジョンソンが政府高官たちとベトナムについて会合を持つ時、ボールの影響力はほとんどなかった。ジョンソンがボールの反戦論をあまり真剣に受け止めていないことを、メンバーの誰もが知っていたのだ。

反対意見を本当に必要としているならば、「ルーズベルト＝オバマ」モデルを利用するのがよいだろう。そうすれば、挑発する役を命じられた人だけでなく、チームメンバーのほぼ全員から反論が得られるだろう。

弱点

ブッシュ政権で国防長官を務めていたロバート・ゲイツを留任したことも、オバマの自信の表れである。オバマは「自分には知らないことがある」とはっきり認めようとする。それゆえ、安全保障分野における三〇年のベテランを任命したのである。

この判断については、ジョン・F・ケネディ（第三五代）が一九六一年、ドワイト・D・アイゼンハワー（第三四代）政権時の国防長官トーマス・S・ゲイツ――奇しくもトーマスのファミリーネームも「ゲイツ」である――を留任させようとしたことが思い出される。オバマのように、ケネディも若くして大統領に就任し、安全保障についてはは素人同然であった。そこで彼も、前政権下の国防長官を留任させれば、国民を安心させられると考えたのである。

ケネディはオバマと同じく、大統領就任一年目に安全保障分野であれこれ問題が生じるおそれがあると考えた。ケネディは「共和党の国防長官が側近にいれば、米国国民が民主党の大統領を非難する可能性が低くなるかもしれない」と感じた。しかし結局のところ、共和党政権下で任命された国防長官をあえて留任させるほどには、ケネディは腹が据わっていなかった。しかし、オバマは違った。

巧みな話術

オバマは就任後の最初の数カ月で、自身の国家観と世界観、そして「自分の計画がうまくいく」理由をはっきりと表明できる大統領の重要性を証明した。ヒラリー・クリントンは二〇〇八年、「オバマの演説は素晴らしいが、それと、強い大統領であることはほとんど関係がない」と強烈に非難した。これに対し、オバマは「関係がある」と反論し、そして彼の言う通りだった。一九三三年のF・ルーズベルトの演説や一九八一年のロナルド・レーガン（第四〇代）の演説と同じく、公式の場でのオバマの発言、とりわけ二〇〇九年二月の議会演説は大いに功を奏し、懐疑的な米国人たちから政権綱領への賛同を得た。

米国人は、政治にどれほどうんざりしていても、やはり国内外の危機について大統領に説明を求める傾向がある。大統領に一票を投じなかった人たちでもそうなのだ。現実とは異なり、もしオバマがうまく説明していなかったとしたら、米国人たちはどれほどの不安を抱えているか、想像していただきたい。

とはいえ、すべての米国人にとって残念なことに、危機が今後、さらに深刻化すれば、オバマはその優れた話術に、いっそう頼らなければならなくなるだろう。

マイケル・R・ベシュロス

米国の歴史家。大統領のリーダーシップについて九冊の著書がある。著書に *Presidential Courage: Brave Leaders and How They Changed America 1789-1989*, Simon & Schuster, 2007.（未訳）がある。

【注】

（1）*Leading Teams: Setting the Stage for Great Performances*, Harvard Business School Press, 2002. 邦訳は生産性出版、二〇〇五年。

（2）*Senior Leadership Teams: What It Takes to Make Them Great*, Harvard Business School Press, 2008. 邦訳は生産性出版、二〇〇九年。

(3) フェミニストならびに政治学者。Jo Freeman, *The Politics of Women's Liberation: A Case Study of an Emerging Social Movement and Its Relation to the Policy Process*, Longman, 1975.（邦訳『女性解放の政治学』未来社、一九七八年）など著書多数。

第3章

チームとグループは異なる

ストラテジー カッツェンバック・センター ファウンダー
ジョン R. カッツェンバック
元 マッキンゼー・アンド・カンパニー コンサルタント
ダグラス K. スミス

"The Discipline of Teams"
Harvard Business Review, March 1993.
邦訳「チームとグループは異なる」
『DIAMONDハーバード・ビジネス・レビュー』2004年12月号

ジョン R. カッツェンバック
(Jon R. Katzenbach)
PwC グループの Strategy&（ストラテジー）、カッツェンバック・センターのファウンダー。本稿を執筆した時はマッキンゼー・アンド・カンパニーのディレクター。HBR への寄稿に "Cultural Change That Sticks," HBR, July-August 2012（邦訳「社風を活かして変革する企業」DHBR 2012 年 12 月号）、"Firing Up the Front Line," HBR, May 1999.（邦訳「顧客接点の社員を活性化させる 5 つの手法」DHBR 2000 年 1 月号）、著書多数。

ダグラス K. スミス
(Douglas K. Smith)
組織変革専門のコンサルタント。元マッキンゼー・アンド・カンパニーのニューヨーク支社のコンサルタント。

本稿は、カッツェンバックとスミスによる *The Wisdom of Teams: Creating the High-Performance Organization*, Harvard Business School Press, 1992.（邦訳『高業績チームの知恵』ダイヤモンド社、1994 年）の抄訳である。

チームとグループは決定的に異なる

一九八〇年代初頭、鉄道会社のバーリントン・ノーザンでは、ビル・グリーンウッド率いる少人数のグループが、社内に蔓延する怒りにも近い抵抗にめげることなく、また経営陣たちの反対をも押し切ってトレーラーを鉄道輸送するサービス、ピギーバックを開発した。これはのちに数十億ドルを稼ぐ事業へと成長する。

ヒューレット・パッカード（HP）では、医療機器グループが高業績を叩き出していた。この成功は、ディーン・モートン、ルー・プラッド、ベン・ホームズ、ディック・アルバーティング、そして彼らを支えた数人の同志たちの並々ならぬ努力の賜物にほかならない。彼らは、失敗の烙印を押されていたヘルスケア事業をみごと立て直したのである。

ナイトリッダーは、傘下の新聞社タラハシー・デモクラットでの成功例をてこに、会長のジム・バッテンが唱える「顧客第一主義」というビジョンを社内に浸透させた。そもそもこの試みは、現場の有志一四人が広告のミスをなくす活動を始めたことに端を発していた。しばらくして、この一四人の使命は全社的な大変革へと発展し、社全体を巻き込みながら新しい使命に取り組むこととなった。

これらの成功例に共通することは、「チームの成果」であるという点だ。本稿では、真のチームについて述べる。それは、チームと称して動機付けや活性化を狙ったものの、結束のないグループになってしまったものとは異なる。

高業績を達成するチームとそうではないチームの違いについて、もっと関心を払うべきだろう。しかし困ったことに、チームという言葉や概念は当たり前すぎて、誰もが理解したつもりになっている。

我々は『高業績チームの知恵』(注1)を執筆するために調査を開始した時、こんなことに思いをめぐらせていた。たとえば、チームが実現する業績に差が生じる原因は何か。どのような状況でどのように成果が生み出されるのか。チームの効率を高める方法は何か――。このような課題への解を導き出したかった。

そこで我々は、モトローラやHP、湾岸戦争の「砂漠の嵐《デザート・ストーム》」作戦本部、ガールスカウトといった三〇以上の企業や団体を訪問し、五〇以上のチームとそこに属する数百人にインタビューを実施した。

その結果、チームをフル回転させるには、守らなければならない規律が存在することが判明した。さらに、高業績の達成とチームの組成は、切っても切れない関係であることも発見した。つまり、この組み合わせは必要十分条件なのだ。

チームという言葉を曖昧に用いると、高業績を達成するうえで不可欠な規律を学び、これを実行することが阻害される。チームをどのような場合、どのように奨励し、その力を活用すればよいかについて、マネジャーがこれまで以上に優れた意思決定を下すには、真のチームとそれ以外を区別しなければならない。

多くのマネジャーが「チームワークが大切である」と説く。それはたしかに正しい。チームワークとは、他人の意見に耳を傾け、建設的に反応し、時には他人の主張の疑わしき点も善意に解釈し、彼らの関心事や成功を認めるといった価値観が集約されたものである。これはチームが高業績を達成するうえでの一助となり、組織のみならず個人の業績も向上させる。

しかし、チームワークの価値観はチームだけに限定されるものではない。また、チームワークが磐石だからといって、高業績が確約されるわけでもない。

メンバー全員で協同作業に取り組むグループすべてをチームと呼ぶことはできない。当然、委員会や諮問委員会、タスクフォースなどをチームと見なすことは適当ではない。たとえチームと呼ばれていても、どんなグループでもチームたりえるわけではないのだ。

巨大かつ複雑な企業組織の全員がチームに参加することなどありえない。決まり文句として、チームという言葉を使ってしまうことがいかに多いか、いま一度考えてみていただきたい。どうすればチームがこれまで以上の成果を実現できるのか。この問題を解決するには、チームとワーキンググループとの違いを知らなければならない。これを理解することが、成果の達成につながる。

ワーキンググループの業績は、個々のメンバーがどのような業務を担当するのか、つまり個人の成果の関数である。一方、チームの業績は、個人の成果のみならず、我々が「集合的作業成果《コレクティブ・ワーク・プロダクト》」と定義するものの両方が含まれる。

集合的作業成果を実現するには、二人以上の複数メンバーが協同して、たとえばインタビューや調査、実験といった作業に携わる。その作業がいかなる種類のものであろうと、集合的作業成果は、複数のメンバーが分担して実現させた「協同の貢献」が反映されたものにほかならない。

個々人の責任が真っ先に問われる大組織の場合、ワーキンググループが一般的であり、実効性も高い。優れたワーキンググループでは、情報、着眼点、洞察などが共有され、各メンバーがより協力し合うように意思決定が下される。

ワーキンググループの目的は、メンバー個々の業績水準を底上げすることである。したがって、たえずメンバー各自の目標と責任に焦点が当てられる。当然、ワーキンググループのメンバーは他のメンバーの成果に責任を負うことはない。しかも、コラボレーションによって大きな成果を求めたりはしない。チームとワーキンググループは根本的に異なる。チームには、個人責任と連帯責任が要求される。チームは、グループディスカッションや会議、意思決定を超越し、さらに情報やベストプラクティスを共有すること以上の成果を志向するものだ。

メンバー同士による協同の貢献を通じて、チームはさまざまな成果を生み出す。ワーキンググループの成果は各メンバーの成果の総和でしかないが、チームの成果はこれを大きく上回る。つまり、チームの成果は個人の成果の総和以上になるのだ。

それゆえ、チームマネジメントには規律が要求される。とはいえ、チームには積極的な姿勢や価値観、抽象的な求心力が必要であるとすぐさま考えてはならない。まず、成果志向の組織単位と見なすことだ。

チーム全体の目的を定量的な目標に落とし込む

我々が調査したチームには、成功を収めたものもあれば、失敗してしまったものもあるが、数十に及ぶチームを観察し、インタビューを重ねた結果、次のような結論を得た。

「チームとは、共通の目的、達成すべき目標、そのためのアプローチを共有し、連帯責任を果たせる補完的なスキルを備えた少人数の集合体である」

これこそが「リアルチーム」の定義であり、ここに共通する必須の定義として認識されたい。

チームの本質はメンバー間の合意にある。それがなければ、ワーキンググループのように個人の集団と同じ業績しか達成しえない。逆に合意が交わされれば、集合的作業成果を生み出す強力な組織単位となる。

それには、メンバーが心底納得できる目的が掲げられなければならない。ただし、目的も多種多様である。たとえば「サプライヤーの貢献を顧客満足に直結させる」「当社を社会から尊敬される企業に再生する」、あるいは「どんな児童でも学習できることを証明する」などだ。

納得できる目的には、概して「勝利する」「一位になる」「革命を起こす」「最先端を走る」といった要素が含まれている。チームはこのような有意義な目的に向けた作業を通じて、「目指すべき方向」「チャンス」「合意」を見出し、それらを深めていく。

また、チーム以外の組織や個人から所期の方向性が示された場合でも、チームの目的はメンバーの目的であると納得させ、各人が積極的にその責務を果たそうという意識を芽生えさせることも可能である。

経営陣がチームに権限を与えない限り、チームは所期の目的を自分たちの目的と認識しないといわれる。しかし、このような思い込みは真のチームへと進化する可能性を奪い、チームを混乱させるだけである。実際、メンバーだけでチームの目的を立てるのは、新規事業の立ち上げなどに限定される。

成功チームは、上位者から与えられた課題や機会に対応しながら、チームの目的を形づくっていく。

このような上層部からの要請によって、チームは期待される成果を理解できる。同時に、その期待に沿った戦略に従って行動できる。

それゆえ経営陣は、チームの編成とその存在意義、達成すべき課題を明確に示す責任を負う。その一方、チームの目的、具体的な達成目標、チャンスやアプローチについてはチームに任せ、前向きな姿勢を育むための自由度を残しておくべきである。

ベストチームとは、チーム全体としてもメンバー個人としても、納得できる目的を追求し、全員で合意できるまでには妥協することなく時間と努力を傾ける。この目的を設定する作業はチームが存続する限り、継続される。

失敗チームの場合、成功チームとは対照的に、共有できる目的を継続的に更新する作業がなおざりにされている。成果志向の不徹底、努力不足、リーダーシップの欠如など、理由は何であれ、高い目標の達成に向かってメンバーが一致団結することはない。

成功チームにおける共通の目的とは、たとえば「サプライヤーの欠品率を五〇%下げる」「最終学年の数学の平均点を四〇点から九五点に向上させる」といった具体的な目標として数値で表現される。チームが具体的な業績目標を設定できない場合、業績目標がチーム全体の目的と関連付けられていない場合、メンバーは混乱し、やがてチームは分裂し、最終的には業績も平凡な水準に落ち着く。

逆に、チームの目的と具体的な業績目標が密接に関係付けられ、そこにメンバーの活動と責任が組み込まれれば、目標の達成に向けて強力な推進力が働く。広範な使命を具体的かつ定量的な目標に落とし込むことで、メンバーは有意義な目的を設定しようと取り組む。この作業を通じて、チームは確実に前進していくはずだ。

たとえば、「新製品の市場投入までの期間を半分に短縮する」「二四時間以内に顧客に対応する」「ZD（欠陥ゼロ）を厳守し、コストを四〇％削減する」といった具体的な目標は、チームの足がかりとなろう。それは次のような理由による。

●企業ミッションとも個人目標とも異なる、チーム業績の定義が容易になる。その結果、チームは最終成果に向けて付加価値を創造する作業に集中し、メンバー各自の努力が結集していく。これは、意思決定を下す時だけ集合する程度では、とうていなしえない。

●チーム内で交わされるコミュニケーションの中身が具体的になり、メンバー間に建設的な対立が起こる。たとえば、工場内のチームが「製造機器の平均切り替え時間を二時間に短縮する」といった目標を掲げれば、チームはこれを達成するために何をすべきか、あるいは目標そのものを再検討すべきかについて活発に議論するようになる。しかし、目標が曖昧であったり、掲げられなかったりすると、いくら議論を重ねても非生産的な結果に終わる。

●チームは達成すべき成果に集中できる。同時に、その達成にどれくらい近づいているかがわかる。イーライ・リリーの周辺システム事業部の製品開発グループの一つは、人体の静脈や動脈の位置を確認できる超音波センサーを開発し、完成までの間、厳密な基準を設定した。それはセンサーが皮膚から組織を通じて特定の深度まで可聴音声シグナルを発するものだが、一日一〇〇台ペースでの生産、一台当たりの製造コストを事前に設定した数値内で実現することを目指した。このように具体的な目標が掲げられていれば、チームの進捗度を正確に測定できる。実際、開発期間中、先のチームメンバーはどこまで達成しているのかを知ることができた。チームの関心は「目標が達成できているか」「できていないか」のどちらかでしかなかったのだ。

●具体的目標を設定することで、メンバーの職位の違いを平準化し、これがチームの行動様式に反映されていく。これは「アウトワード・バウンド」と呼ばれる、自然の中でのサバイバル訓練をはじめ、他のチームビルディング・プログラムからも明らかである。少人数のグループが全員で壁を乗り越え、サイクルタイム(注2)の五〇％削減という課題に挑戦する場合、各メンバーの肩書きや既得権などは単なる背景でしかなく、実質的な意味はない。成功チームでは、真の目標とその達成に向けた最大限の貢献度といった観点から各メンバーを評価する。そこで重要となるのは、メンバーの地位や性格ではなく、達成目標に照らした成果である。

●チームは広範な目的を追求する中で、小さな成功体験を積み重ねていく。チームは、合意を形成する際、あるいは長期的な目的に取り組む際、必ず障害に直面する。これを乗り越えることは、目的追求の上で重要である。ナイトリッダーのチームは、掲載広告のミスをなくすという狭義の目標を、顧客サービスという多くの関心を引く目的へと昇華させた。

●メンバーの自発的行動を促す。目標は人々を動機付け、力付けるシンボルとなる。チームが改革に取り組むうえで、個々のメンバーに責務とチャレンジ精神を醸成する。その結果、未経験の体験、緊急性、失敗したくないという自然な恐怖感は渾然一体となり、手が届きそうだが、さらなる努力を要する目標に向かって、メンバーの意識を駆り立てていく。目標の実現はチームの挑戦であり、しょせんチーム以外の人々では成し遂げることはできないのだ。

チームの目的と具体的な目標を組み合わせることは、業績を達成するうえでの必要条件である。関連性と重要性を確保するには、目的と目標は相互に依存していなければならない。具体的な目標によって、チームはその進捗状況を把握し、その責任を果たすようになる。そして、目標よりもさらに広義かつ高次元の目的によって、活動の意義とメンバーの精神的エネルギーが引き出される。

適正な規模と専門スキルの組み合わせ

インタビューや文献調査、ヒアリング、また我々自身の経験などから、実効性の高いチームはすべて二〜二五人で構成されていた。たとえば、バーリントン・ノーザンにおけるピギーバック・チームは七人、ナイトリッダーの新聞広告チームは一四人だった。また、大半のチームが一〇人以下であった。ただし、チームが少人数編成であることは、成功の必要条件というよりも、むしろ実際的な方向性を示しているにすぎない。

五〇人以上の大所帯でも理論的にはチームとして機能しうる。その場合、一つの組織単位としてではなく、サブチームに分化していく可能性が高い。なぜなら、大人数では一つのグループとして建設的な交流が難しく、ましてや実作業を一緒に進めることは不可能に近いからだ。

五〇人より一〇人のチームのほうが、職能や組織階層の違いを乗り越え、計画に従って成果を達成することへの責任をより相互に分かち合い、ともに努力を傾けられる。その結果、時間の短縮や手順の簡素化につながる。

また、大人数だと、集合場所の確保やスケジュール調整に手間がかかるなど、事前準備の問題もある。さらに、群集心理や群れ行動といった複雑な問題がチーム内に発生するため、チームの実効性を高めるうえで必須である視点や、やる気の共有が難しくなる。

大人数のグループが共通の目的を設定しても、えてして言葉だけのミッションや誰も反対しない優等生的な意向に妥協してしまい、具体的な目標が導かれることはない。

このようなグループのメンバーは、かなり早い時期にミーティングへの出席を面倒に思い始める。これは、円滑な人間関係を築くことはさておき、メンバー自身が何の目的で集まっているかを理解できていない兆候である。

このような経験のある人ならば、そのようなミーティングがいかに不満を募らせるものかを承知している。この種の失敗は、人々のニヒリズムを助長し、これが早晩チームで活動する際の障害となる。

チームを適正規模に編成することに加えて、適正なスキルセットを開発する必要がある。チームがその作業をまっとうするには、各人が相互補完的なスキルを身につけていかなければならないのだ。

当たり前のことかもしれないが、必要なスキルセットが揃っていないことが、真のチームへと進化する可能性がありながらも、途中で挫折してしまう典型的な理由なのである。チームに不可欠なスキルは、次の三つに分類することができる。

❶技術上、職能上の専門スキル

雇用差別事件について、医師のグループを招聘し、法廷で弁護することは何ともおかしい。しかし、医師と弁護士で構成されたチームが医療過誤や傷害事件を取り扱うことはよくある。同様に、マーケターだけ、エンジニアだけといった同じ職能の人たちだけで構成された新製品開発グループは、相互補完的なスキルを有する人たちの混成チームよりも成功確率が低い。

❷問題解決と意思決定スキル

チームは、課題やチャンスを発見し、解決案を評価し、これらを取捨選択したうえで意思決定を下さなければならない。通常、チームが始動する時には、このようなスキルを備えたメンバーが数人必要だが、たいていの人はこの種のスキルを、チーム活動を通じて習得していく。

❸コミュニケーションスキル

効果的なコミュニケーションと建設的な対立なくして、共通の理解や目的は共有できない。これはヒューマンスキルの有無に大きく左右される。この種のスキルには、あえてリスクに挑戦する能力に加えて、他人に貢献するような批判や客観性を提示する、虚心坦懐に耳を傾ける、他人の疑わしい点などを善意に解釈する、他人の興味や成果を認めるといった能力が含まれる。

これらのスキル、特に技術的、機能的なスキルを最小限揃えていないと、チームは第一歩を踏み出せない。これは自明の理である。

自分が属するチームの編成がメンバー間の相性や社内の肩書きに左右され、メンバー固有のスキルが考慮されなかったという経験のある人は多い。また逆に、スキルを重視しすぎるというケースもある。我々が調査したところによれば、成功チームでは、メンバーが最初から必要なスキルすべてを身につけていたという例はなかった。たとえばバーリントン・ノーザンのチームは、解決すべき課題がマーケティングに関するものだったにもかかわらず、マーケターとしてのスキルを備えていた者など一人もいなかった。

我々は、チームの問題解決力を開発するには、チームビルディングが強力な手段であることを発見した。したがって、メンバーを選出する際には、すでに身につけているスキルのみならず、新しいスキルの開発と学習能力も等しく重視しなければならない。

実効性の優れたチームでは、共通のアプローチ、すなわち目的を達成するうえで、どのように協力すればよいのかについて固い合意が交わされている。それゆえメンバーは全員、個々人の担当業務、スケジュールとそれを厳守する方法、スキルの開発、メンバーとしての資格の維持、チームの意思決定とその修正などに合意しておく必要がある。

このようなルールとそれを遵守するための合意形成は、チームが成果を実現するうえで目的や具体的な目標に合意すること同様、重要な要素である。具体的な作業について合意し、各人のスキルを結集するために担当を割り振り、チームの業績を高めることがいかなるアプローチにも共通する。実際の作業を少数のメンバー、あるいはチーム外のスタッフに任せて、進捗状況の確認と会議だけがコラボレーションというのでは、真のチームなど望むべくもない。

成功チームでは、どのメンバーも等しく同量の作業を分担し、リーダーを含めたメンバー全員が、チームの活動成果に具体的な方法で貢献している。このような体制は、チームを高業績へと駆り立てる情緒的な面を論理的に体系化するためにも重要である。

個人がチームに参加する場合、特に企業の場合では、個人は既存業務を抱える一方、そのキャリアゆえの強みや弱み、才能、個性、偏見などを合わせ持っている。このような人材をどのように共通の目的に合致させるのか、その方法を見つけ出し、互いに理解し合うプロセスを通じてのみ、目標達成に向けた最善策が導かれ、メンバーはこれに合意できるといえる。

メンバー同士の理解を深めることはそもそも容易ではないが、長い時間をかけて合意形成のプロセスを築く一方、仕事への適性や役割分担についてチーム内で率直に話し合うことが肝要である。こうして、ある種の社会的契約をチーム内で確立し、それをチームの目的に結び付け、メンバーがどのように協働すればよいのかが見えてくるのだ。

信頼感と合意を形成し責任感を共有する

どのようなチームでも、各メンバーがその責任をまっとうできなければ、真のチームたりえない。共通の目的やアプローチの有無と同様、連帯責任の有無も厳格な判断基準の一つである。

たとえば、「上司が私に権限委譲する」と「自分自身で責任を負う」とでは、一見微妙だが、決定的に異なる。前者が後者に発展することはありうるだろうが、後者なくしてチームは成立しえない。

ＨＰやモトローラのように、成果主義が組織風土として浸透している企業の場合、一個人の努力では解決できなくとも、集団の力を結集すれば達成できるという課題の存在が明らかにされれば、チームが有機的に組成されていく。

このような企業では連帯責任は当然のことなのだ。「同じ船に一緒に乗っている」という前提がすでに存在しているといえよう。したがって、このような責任感をチーム内に醸成するには、メンバー同士の真摯な約束がカギとなる。それが高業績チームに不可欠かつ決定的な二つの要素、すなわち合意と信頼の礎となる。

真のチームになる可能性を秘めたグループに参加する場合、誰もが警戒し、かつ注意深く行動するものだ。なぜなら、すでに身についた個人主義と経験から、自分の運命を他者に委ね、他者の責任を負うことに抵抗を感じるからである。

しかし、そのような行動様式を問題視することなく、自然に任せていては、チームは成功しない。もちろん連帯責任を無理強いしたところで、相互信頼は築かれない。しかし、メンバーがチームの目的、具体的な目標やアプローチを共有できれば、連帯責任はおのずと芽生え、育まれていく。

チームがいかなる目的を達成し、どのような方法で最善を尽くすべきかを考え、そこに時間とエネルギーを投じ、行動を持って示すことで責任感が生まれる。そして、さらに時間とエネルギーが投入されるようになる。

人間が共通の目標に向かって協働すると、その結果として信頼感と合意が形成されていく。当然、確固たる目的とアプローチを共有した結果、ついには成功を手中に収めたチームの場合、個人としてもチームとしても、チームの業績に必然的に責任を負うようになる。この連帯責任感ゆえに、メンバー全員で達成感を分かち合うという豊かな実りがチームにもたらされる。

高業績チームのメンバーに繰り返しインタビューしてわかったことは、チーム内での経験が日常業務とは比べものにならないほど、各メンバーに活力を与え、強く動機付けるということだ。

一方、人々を結集させる目的が、単なるチームの発足、仕事の充実、コミュニケーションの向上、組織改善、あるいはエクセレントカンパニーに向けた改革といったものであると、高業績チームの実現は難しい。TQMを導入したものの、品質向上という目的を具体的な目標に変換しなかったがために失敗し、不愉快な感情だけが残ってしまった企業が何とも多いが、これこそまさしく証左である。

しかるべき目標が設定された場合にのみ、そして各メンバーの目標とその達成に向けたアプローチを話し合うというプロセスを経ることによって、メンバーたちはより具体的な方策を選択できるだろう。

メンバーは、チームとして決定した目標やその方針に反対することも、チームから離脱することも自由に選択できる。その一方、担当業務に精進し、メンバーと責任を共有し合い、連帯責任を負うことも同じく可能なのだ。

チームの使命によって達成課題は異なる

これまで述べてきたチームの規律は、あらゆるチームにおいて成功の条件となろう。ただし、これだけで満足することなく、さらなる改革を目指すことが望ましい。

たいていのチームは、その性質から次の三つに分類できる。我々の経験では、これら三タイプのチームには克服すべき固有の問題が存在する。

❶タスクフォースチーム

このチームの仕事は、特定の問題を調査・分析して解決することが求められる。たとえばタスクフォースやプロジェクト、監査、品質管理、リスクマネジメントなどである。そのミッションは提言をまとめることであり、通常はあらかじめスケジュールを設定して行動する。

この種のチームにおける問題は二つある。第一に迅速かつ建設的なスタートであり、第二はまとめた提言を実行部隊にスムーズに引き継ぐことだ。

第一の問題を解決するには、チームのミッションを具体的に定義し、どのようなメンバーで構成するかがカギとなる。なぜなら、メンバーはチームとして努力することの重要性を理解し、経営陣はチームに必要な人材の種類と必要な作業時間をはっきりさせなければならないからだ。

経営陣は、この課題を全社レベルで浸透させ、かつ現実的な提言に落とし込めるスキルと影響力を備えた人材を投入することで、チームを支援していく。さらに、チームが状況に応じて他部門からの協力を仰げるように、密接なコミュニケーションは図りつつ、社内政治の悪影響を排除しなければならない。

このタイプのチームにとって、実行部隊への引き継ぎがしばしば頭痛の種となる。これを回避するには、提言された内容に関する責任が実行部隊に移管される際、経営陣が注意して十分な時間を割くことが肝要である。

「提言としてまとめられれば、後は何とかなる」と経営陣が高をくっていると、その実現性は低くなる。逆に、タスクフォースのメンバーたちがみずからまとめた提言の実行に関与することで、その実現性も高まる。

タスクフォース以外の人たちを提言の実行に参加させるには、彼らを早い段階、少なくとも提言が最終案としてまとまる以前から、そのプロセスに巻き込むとよい。たとえば、インタビューへの協力、分析の手伝い、アイデアの検討、実験や小規模テストの実施など、さまざまな方法が考えられる。

なおタスクフォースの責任者には、チームとして活動を開始する際、その目的とアプローチ、具体的な目標をメンバーに説明し、また適宜、進捗状況について定期的に報告することが求められる。

❷製造・販売チーム

このタイプのチームには、製造、開発、マーケティング、営業、サービスなど、自社のビジネスに付加価値をもたらす活動に携わる現場の第一線、あるいはその周辺の人たちが含まれる。

新製品開発チームやプロセス設計チームなどの例外を除いて、製造や販売に携わるチームは継続的に活動し、通常は特定のスケジュールを設定することはない。

このチームが最も効果を発揮するために、チームリーダーは「クリティカル・デリバリー・ポイント」に注力すべきである。このクリティカル・デリバリー・ポイントとは、製品やサービスのコストや価値を最終的に左右する社内業務、すなわち会計管理、生産管理などである。

多種多様のスキルや視点、判断を融合させることが、クリティカル・デリバリー・ポイントの成果に大きく影響する。したがって、チーム活動を通じた解決策こそ最も賢明なアプローチとなる。

社内の各ポイントのパフォーマンスを極大化するために、チームを多数発足させる必要も出てくるかもしれない。このように課題が広範囲にわたる場合、とにかく成果志向を徹底し、綿密に設計された管理プロセスが必要となる。

ここで注意すべきは、経営陣は単にチーム活動を推奨していると社員に誤解されないように配慮しつつ、一連のシステムを構築することである。先述のチームの規律に照らせば、とにかく成果を実現することに焦点を絞ることが不可欠である。経営陣がチームと業績との関係に執拗なまでに注意を払い続けない限り、社内から「今年のテーマはチーム活動することなのだ」と誤解されかねない。

そう思われないためにも、報酬制度の改定はもとより、チームが研修を必要とするならばその機会を設けるために社内プロセスを見直すなど、経営陣は総力を上げてチームを支援する。

しかし何よりまず、経営陣は、チームを発奮させるような具体的な要請を示したうえで、継続的に規律と成果の両面からチームの進捗状況を見守らなければならない。つまり、特定のチーム、特定の課題を重点的に観察するのだ。さもなければ、名ばかりのチームのごとく、成果の実現という言葉もありきたりの目標になってしまう。

❸オペレーションチーム

経営陣の多くが、アカウンタビリティ（報告義務）が課された集団をチームと呼ぶと言うが、このような集団が真のチームであることなど、ほとんどない。真のチームになりうる集団はひたすら成果を追い求めるため、そもそも自分たちがチームで行動していることなど考えていない。

真のチームが生まれるチャンスは、組織の頂点である経営陣から事業部や職能部門に至るまで、幅広く存在する。部下が数千人いようと、特定の事業、継続的なプログラム、広範な職能組織などを担当する活動を一集団が監督するならば、それはオペレーションチームといえる。

オペレーションチームが直面する課題は、主にチーム活動のアプローチが適切か否かを判断することである。この場合、チームよりもむしろワーキンググループのほうが効果的である場合が多い。ワーキンググループかチームかの判断は、個人が最善を尽くした結果の総和が課題解決に届くのか、コラボレーションによる飛躍的な業績改善が必要なのかによる。

チームはワーキンググループよりもはるかに高い業績を達成するだろうが、同時にリスクも増えるため、利害の得失について厳しく検討しなければならない。各メンバーは他者を信頼して自分の運命を委ねることに抵抗したくなる感情を押し殺さなければならないだろう。チームアプローチの代償はけっして小さくない。

メンバーにとって、たとえ被害は最小限であっても、チームアプローチの場合、各メンバーが個々の目標を追求することを抑え込み、利益よりもコストのほうが高くつく。

そうこうしていくうちにチーム活動に割く時間を重荷に感じ、やがて仕事の優先順位に狂いが生じ、次第に怒りを感じるようになる。その被害がさらに大きくなると、ワーキンググループの成果を大幅に下回る成果となり、深い憎悪の感情すら生まれかねない。

ワーキンググループのほうが比較的リスクは低い。ワーキンググループが奏功すれば、目的を達成するまでにさほど時間を要しないものだ。それは、リーダーが目的をうまく設定した結果であることが多い。ワーキンググループのミーティングは、優先順位を考慮した議事録に沿って進行される。そして、決定事項は個別に割り振られ、個々の責任体制が組まれて、実行に移される。

あえてオペレーションチームを組み、目標とする業績水準を達成する場合、どうしても難しくなる。各自が与えられた仕事を遂行することで目標の業績水準に到達できるワーキンググループのほうが快適であり、またリスクも高くない。

実際、チームアプローチが必要であるというニーズが存在しないのであれば、真のチームになろうと試行錯誤するよりも、ワーキンググループのほうが理にかなっている。とはいえ、特に全社改革を成功させるには、やはりチームが望ましい。

オペレーションチームを活用する場合も、目的や具体的な目標を理解するための手段を用意しなければならない。これが二番目の課題である。

オペレーションチームは組織全体から与えられたミッションと、小集団に課された具体的な目的とを混同しやすい。チームの規律に従えば、真のチームを形成するには具体的なチームの目的が必要であり、そのためにメンバー全員が袖をまくり上げて、個人の最終成果を超える何かを達成しなければならない。もし経営陣が社内の部分的な業績ばかりを計算しているようだとすると、その小集団にチームならではの業績目標が存在しているとはいえない。

経営陣にチームアプローチは可能か

経営陣がマネジメントチームに生まれ変わるには、長期的な課題の複雑性、各執行役員の時間調整、またその心に深く根差している個人主義といった要素が障害となろう。そして、経営陣は社内の最高権力者である。

当初我々は、マネジメントチームというアイデアは実現不可能だろうと考えていた。なぜなら、マネジメントチームは公式の組織メカニズムによって定義されるからだ。つまり、リーダーであるCEOとその直属の部下によるチームとなるため、真のチームなどありえないだろうと。

しかし我々は、真のマネジメントチームはたしかに存在し、ただし想像以上に人数が少なく、公式の組織メカニズムに支配されていないことを発見した。

たとえば、ゴールドマン・サックスのジョン・ホワイトヘッドとジョン・ワインバーグ、HPのビル・ヒューレットとデイブ・パッカード、ポール・コーポレーションのクランスノフとポールとハーディ、ペプシコのドナルド・ケンドールとアンディ・ピアソンとウェイン・キャロウェイ、リーバイ・ストラウスのロバート・ハース、ナイトリッダーのジョン・ナイトとハーマン・リッダーなどである。そのほとんどが二、三人で構成され、例外的に四人であった。

とはいえ、やはり巨大で複雑な組織において、真のマネジメントチームは稀である。大企業の執行委員会の面々が不要な制約をみずからに課し、業績達成のチャンスをみすみす逃している。

不要な制約とは「チームはかくあるべき」という思い込みから生まれてくる。たとえば、「チームの目標は企業目標と一致していなければならない」「チームメンバーのスキルよりも地位や肩書きによって、それぞれの役割を設定しなければならない」「チームは常にチームたらねばならない」「チームリーダーは実作業をする必要はない」などだ。

このような前提条件はたしかに理解されやすいが、実は何の根拠もない。我々が観察した真のマネジメントチームにはこのような前提条件は当てはまらない。チームの規律を適用できる、より現実的で柔軟な前提条件に置き換えれば、達成すべき業績を実現可能である。

現在、多くの企業が全社的組織の大変革を迫られている。今後は真のマネジメントチームが、多数誕生するであろう。

高業績を達成する組織として、チームがその基本単位になる。これが我々の結論である。これは、チームが個人のチャンス、公式の組織階層やプロセスを排除するという意味ではない。チームは現存の組織メカニズムに取って代わるというよりも、それをより強化するだろう。

望むような成果を上げるためのスキルや視点を、階層や部門の壁が妨げている組織であれば、チームを活用する機会はいくらでもある。

* * *

たとえば、新製品開発には従来の組織メカニズムを通じて職能面の長所を保ちつつ、一方で個々の職能に存在する身びいきをチームによって排除するのだ。また、現場の生産性を向上させるには、各階層に共通する方向性を示し、そのための手引きを遵守させ、自己管理型のチームを通じてエネルギーと柔軟性を引き出す。

いかなる企業も固有の課題を抱えている。これに取り組むには、チームアプローチこそ最も実際的で強力な選択肢であると我々は信じる。それゆえ、経営陣の重要な役割とは、どのようなタイプのチームが業績を達成できるのかを検討し、これと企業業績を合わせて考えることにほかならない。

つまり経営陣は、成果をもたらすチームのユニークな潜在能力を認識し、チームが最適なアプローチと考えられるならば、戦略的にチームを活用して、その力を発揮させるためにはチームの規律を徹底しなければならない。こうすることで、個人業績や組織業績と同じく、チーム業績の達成を可能とする環境が整備されるだろう。

高業績チームの成功アプローチ

チームが高業績を達成することを保証する処方箋など存在しない。しかし、成功チームを観察した結果、共通するアプローチが明らかとなった。

高い緊急性と意義、そして成果志向

チームメンバー全員の心に、緊急性の高いチャレンジングな目的がチームに課されていると刻み込まなければならない。メンバーは何を期待されているのかを知りたがる。実際、目的の緊急性と意義が高ければ高いほど、チームがその達成の可能性をぎりぎりまで追求していく傾向が強くなる。たとえば、「顧客サービスを大幅に改善しなければ、自社の成長はありえない」と要請された顧客サービスチームの例はこれを端的に表している。

人を動かさずには置かない状況こそ、チームの力を最大限に引き出す。成果志向が強い企業では、チームが迅速に行動する理由はここにある。

スキルと潜在能力

目的と具体的な目標に合致したスキルがすべて揃っていなければ、チームの成功はおぼつかない。ところが、

たいていの場合、必要なスキルセットが判明するのはチームが結成されてからだ。賢明なマネジャーであれば、既存スキルとその改善に加え、新しいスキルを習得しうる潜在能力を測ったうえで、人選に当たる。

最初のミーティングでのシニアマネジャーの言動

いかなるケースでも、第一印象は決定的な意味を帯びる。

潜在能力の高いチームが初めて集まるミーティングでは、メンバーは自分の思い込みや懸念を確認し、しばらく考え、時には否定する際に他のメンバーが発するシグナルを注意深く受け止める。特に注意を払うべきことは、チームに影響力を及ぼすシニアマネジャークラスの人物――チームリーダーを任命、監督する立場――の言動である。

その発言以上に注目すべきは行動である。もしこのシニアマネジャーが初回のミーティングの開始一〇分後、外部からの電話に出るため席を立ち、そのまま戻ってこなければ、「何をか言わんやだ」と、その場にいるメンバーたちは受け止めるだろう。

具体的なルール

有能なチームは、目的と具体的な目標を達成する一助として、初めからルールを設ける。最初に設定すべきルールとしては、次のようなものが特に重要である。

- ●出席（電話に出るなどで中座しない）
- ●ディスカッション（議論に「タブー」をつくらない）

●守秘義務（合意したこと以外は外部に、すなわちこの会議室から出さない）
●分析（事実は味方である）
●成果志向（全員で成し遂げる）
●建設的な対立（個人を感情的に攻撃しない）
●貢献（全員参加で協働する）

早期に成果が表れる活動

高業績チームの多くは、達成すべき成果に向かって一丸となって努力を傾け、作業の進捗状況を適宜把握する。チームが結成されてほどなく、早期に達成できる、しかもチャレンジングな目標を設定することで、このような行動が励行される。

達成すべき成果なくして真のチームは生まれない。成果が早く出れば、チームの結束力も早くに強固となろう。

ファクトベースの問題提起

新しい情報が与えられると、チームは達成すべき成果における課題を再定義し、理解を深めていく。こうして共通の目的を生み出し、具体的な目標をわかりやすく設定し、共通のアプローチは改善されていく。

ある工場の品質改善チームは、品質上の欠陥が出るとコスト高になることを承知していたが、さまざまな欠陥をタイプ別に分析して特定するまで、どのような対策を講じるべきか、わからなかった。

これとは逆に、経験と知識があれば、それ以上の情報は不要であると思い込んでいるチームはまずミスを犯す。

チームメンバーとの交流

一般常識に従えば、チームメンバーは初めからスケジュールが設定されていようといまいと、チームが結成された当初には行動をともにする時間が必要とされる。実際、個人と個人との絆のみならず、創意あふれた洞察を生み出すには、集計表や顧客インタビューを分析するだけではなく、よそよそしさを排したメンバー間の交流が欠かせない。

多忙な執行役員やマネジャーは、彼らと過ごす時間をあえて制限してしまう。成功チームは、チームを結束させるための時間に投資している。ただし、ひとところに一緒にいる必要はなく、メール、ファックス、電話などのコミュニケーションでもかまわない。

貢献への褒奨

加点評価はチームでも効果がある。「金色のお星様のシールを与える」ことも、チームが業績を達成するうえで、重要かつ新しい行動を促すものだ。たとえば、内気な人が初めて発言しようと努力している時、それに気づいたメンバーは虚心坦懐にプラス評価を伝え、発言による貢献を今後も続けるように励ますことができるだろう。

金銭的報酬に反映させる方法以外にも、チームへの貢献を認め、褒賞を与える方法が有効だ。それには、ミッションの緊急性について執行役員がメンバーに向けて直接説明する、あるいは貢献を表彰するなどが考えられる。究極的には、チームが一丸となって達成し、メンバー全員が共有できる満足感こそが最大の褒奨であろう。

【注】

（1）五五ページの筆者プロフィールを参照。

（2）業務の開始から終了までにかかる時間、あるいは各作業者が受け持つ工程を規定の手順で作業して一巡するのに要する時間。稼働時間のみならず待ち時間を含む。サイクルタイムを短縮することで、品質の向上やコスト削減、差別化、競争力の強化、さらには顧客満足の向上などが実現される。

第**4**章

協働するチームの秘訣

ロンドン・ビジネススクール 教授
リンダ・グラットン
ロンドン・ビジネススクール 非常勤教授
タマラ J. エリクソン

"Eight Ways to Build Collaborative Teams"
Harvard Business Review, November 2007.
邦訳「協働するチームの秘訣」
『DIAMONDハーバード・ビジネス・レビュー』2008年3月号

リンダ・グラットン
(Lynda Gratton)
ロンドン・ビジネススクール教授。組織のイノベーションを促進する「Hot Spots Movement」の創始者であり、「働き方の未来コンソーシアム」(Future of Work Research Consortium)を率いる。著書に世界的ベストセラーとなった *The 100 Year Life: Living and Working in an Age of Longevity*, Bloomsbury Information, 2016.(邦訳『ライフ・シフト』東洋経済新報社、2016年)などがある。

タマラ J. エリクソン
(Tamara J. Erickson)
ロンドン・ビジネススクールの非常勤教授。タミー・エリクソン・アソシエーツの創業者兼CEO。HBR誌には、2004年度のマッキンゼー賞を受賞した "It's Time to Retire Retirement," HBR, March 2004.(邦訳「『退職』という概念はもう古い」DHBR 2004年8月号)などの寄稿がある。

ますます難しさを増すチームコラボレーション

M&A、ITシステムの再構築など、大規模プロジェクトに取り組む際、さまざまな分野の専門家たちを集めて大規模チームをつくることになる。このようなチームは通常、喫緊の課題に対応するためのにわか組織であり、それゆえオンラインでつながれたバーチャルチームであることが多く、メンバー同士が遠く離れていることも珍しくない。

今日の事業課題には、さまざまな部門や地域にまたがるものが少なくなく、またこの仕事を成し遂げるには多種多様の知識が要求されるため、このようなチームがどうしても必要である。

たとえば、BBCがワールドカップやオリンピックを放映するに当たって、リサーチャーやライター、プロデューサー、カメラマン、技術スタッフなど、ほとんど面識のない人たちを集めた大型チームを組む。しかも撮影のチャンスは一回きりであり、そのような緊張状態の中で互いに協力し合わなければならない。

同様に、マリオット・インターナショナルの本社IT部門が、顧客経験価値を向上させるためにITシステムのリニューアルに乗り出せば、各ホテルの支配人、顧客経験の専門家、グローバルブランドマネジャー、各地域の担当責任者など、それぞれ異なる課題とニーズを抱えた人たちの緊密な協力関係が不可欠である。

我々は、多国籍企業一五社におけるチーム行動について調査し、その結果、興味深いパラドックスを発見した。現在、一筋縄にはいかないプロジェクトに取り組む際、さまざまな分野から高度な教育を受けた専門家たちを集め、大規模なバーチャルチームをつくることがもはや常識になりつつある。ところが、そこに見られる四つの特徴、すなわち「大規模チーム」「多様性」「バーチャル・コラボレーション」「教育水準の高さ」は、チームがその任務を遂行するうえで障害にもなりうる。言い換えれば、成功要因が失敗要因でもあるのだ（**図表4-1**「チームのパラドックス」を参照）。

さまざまな部門や地域の人たちが参加するチームでは、メンバー同士が知識を交換したり、教え合ったりするといったことがなかなか起こりにくい。また、予想外のトラブルや難問に直面した時に、他のメンバーの仕事を手伝ったり、互いに助け合いながら期限に間に合わせたり、また資源を分け合ったりするということ、一言で言えば、協力も生まれにくい。このようなチームに一蓮托生という概念はなく、成功を喜び合うことも少なく、目標を共有しようという意識も薄い。

まず、チームの大規模化についてだが、一チーム当たりの人数はここ一〇年間で大幅に増えていた。ITの登場によって、一つのプロジェクトに多数のスタッフが参加できるようになり、さまざまな知識や専門性を活用できるようになった。

一〇年ほど前であれば、メンバー数が二〇人を超えると、もはやチームとして機能しないといわれていた。ところが現在、我々の調査によれば、複数の部門や地域で働く人たちが集まるチームの場合、たいてい一〇〇人以上規模である。

とはいえ、やはりメンバーが二〇人を超え、その数が増えれば増えるほど、協力しなくなる。大規模

図表**4-1**｜**チームのパラドックス**

以下の4つは、チームの成功を左右する決定的要因であり、かつ阻害要因でもある。

大規模チーム

10年前には、チームメンバーの数が20人を超えることはめったになかった。しかしその後、我々の調査によると、チームはすっかり大規模化している。その理由は、ITの影響であることは言うまでもない。

チームが大規模化するのは、多くの場合、さまざまな関係者が参加し、さまざまな活動を調整し、さまざまなスキルを組み合わせる必要があるからだ。その結果、メンバーの数はどうしても100人以上になる。ところが、我々が調査したところによれば、メンバーが20人を超えると、協力関係が自然発生しにくくなる。

バーチャル・コラボレーション

今日、さまざまな地域や部門のメンバーが協働し合うチームの場合、すべてのメンバーが一カ所で働いているという例は少ない。つまり、チームに課された任務を遂行するには、さまざまな地域の人たちのアイデアや知識を結集する必要がある。メンバーは同じ街にいることもあれば、世界中に散らばっていることもある。

我々が調べたチームのうち、すべてのメンバーが同じ場所で働いていたチームは、全体の40%にすぎなかった。そして調査結果では、チームのバーチャル化が進むと、協力が起こりにくくなる。

多様性

今日のビジネスは難度が高まっており、そのため多くの場合、キャリアも見識も異なる人たちを短期間に結集させなければならない。しかも彼ら彼女らの多くは一面識もないか、ほぼそれに近い。

新しいアイデアやイノベーションを生み出すには、さまざまな知識や考え方が必要になる。ところが我々の調査によると、チームの多様性を高めても、旧知の仲といえるメンバーが少ないチームほど、知識共有が起こりにくい。

教育水準の高さ

さまざまな地域や部門のメンバーが協働し合うチームが大きな価値を生み出すのは、さまざまな分野から専門性が高いスキルや知識の持ち主たちが集まり、その結果、新しいソリューションが考案されるからだといわれる。しかし、我々の調査によれば、チーム内に高度な教育を受けた専門家が多いほど、非生産的な対立に陥りやすい。

チーム内で高次元の協力関係を実現するには、それにふさわしい環境を整える、つまりメンバー全員にコラボレーションスキルを身につけさせる必要がある。そのためには周到な投資が不可欠であり、場合によっては結構な額に上るかもしれない。

バーチャル性も同じく、マイナス面を抱えている。我々が調べたチームの中で、メンバーたちが一つところに集まって作業していたチームはごくわずかだった。なかには、全世界一三カ所に散らばっている例もあった。

もちろん、バーチャル性が高まれば、おのずと協力も低下する。我々が調査した中で、これを防止できていたのは、コラボレーションを奨励する文化を醸成する仕組みを用意していた企業だけだった。

今日の事業には、一筋縄にいかない任務がつきまとう。これをみごと遂行するには、異なる視点や経歴の持ち主たちを集め、その知識や経験を交流させて新しいアイデアやイノベーションを生み出すことが不可欠である。しかし、多種多様なメンバーが集まれば、あれこれ問題が生じやすい。

我々の調査によると、仲間意識があるチームでは自然かつ簡単に協力関係が生まれるが、国籍はもとより、年齢や学歴、勤続年数などに違いがある場合、協力関係が生まれにくい。また、チームの多様性を高めるとは、他部門は言うまでもなく、時には社外の人をチームに招き入れることもありうる。そのような人たちとは、概して表面的な付き合いしかなかったり、あるいは面識すらなかったりする。

我々の調査によると、チーム内に旧知の仲といえる知り合いが少なく、またキャリアや経験が異なる人が多いほど、知識の共有など協力的な行動が起こりにくい。

メンバーの教育水準が高い場合も、同様である。我々の調査では、専門家の多いチームほど分裂しやすく、非生産的な対立や膠着状態に陥っていた。

では、異分野間でコラボレーションできる能力を身につけるには、はたしてどうすればよいのだろうか。また、さまざまなメンバーを集めた大規模チームの力を最大限発揮させるためには、このようなチームならではの構造上あるいはメンバー構成上の悪影響を最小化するためには、どうすればよいのだろうか。

我々はこれらの問いへの答えを出すために、五五の大規模チームを対象に詳細な調査を実施し、複雑さを抱えているにもかかわらず、高次元のコラボレーションを実現しているチームを発見した。これらのチームは、この多種多様なメンバー構成ゆえに成功を収めている。

我々は、チームに課された任務、企業文化など一〇〇以上の要因について調べ、統計分析を駆使しながら、どのような要因が、知識を共有したり、互いに仕事を手伝ったりといったコラボレーションを促すのかについて研究した（**章末**「本調査の概要」を参照）。

その結果、これら一〇〇超の要因の中から、チームを成功へと導く八つの取り組みを突き止めた。ここで言う成功とは、チームの大規模化、バーチャルコラボレーション、多様性、そして高度な専門性といったものによる、負の影響をできるだけ抑えるという意味である。

我々はこれらの八つの取り組みにとりわけ秀でたチームを特定してインタビューし、その成功の理由を掘り下げた。また、八つの取り組みを類型化すると、「シニアマネジャーの役割」「人事部の役割」「チームリーダーの役割」「チーム構成とチーム構造」の四つに分かれる。本稿では、この四類型に従い、八つの取り組みそれぞれについて紹介する。

シニアマネジャーの役割とは何か

チームメンバーたちが協力し合うかどうかは、そのチームが所属する組織の経営陣の姿勢次第である。シニアマネジャーが人間関係に投資し、みずからコラボレーションの手本を示し、我々が「ギフトカルチャー」と呼ぶ組織文化を醸成できれば、チームメンバーたちは協力して仕事するようになる。

このギフトカルチャーとは、あたかも神が与え賜うた贈り物のように、社員たちが上司や同僚との付き合いはありがたいものであり、その機会が等しく与えられていると感じられる文化である。

❶「シグネチャー・プラクティス」に投資する

生産的あるいは革新的なコラボレーションチームについて調べたところ、このようなチームを抱えている企業は、経営陣が社内の人間関係の構築と維持に相当の投資を行っていた。

とはいえ、企業によってアプローチが大きく異なり、いずれにしても最も大きな成功を収めていたのは、我々が「シグネチャー・プラクティス」と呼ぶ手法だった。シグネチャー・プラクティスとは、その事業環境にふさわしい働き方のことで、インパクトがあり、およそ他社には模倣できない。(注)

たとえば、ロイヤル・バンク・オブ・スコットランド・グループ（ＲＢＳ）ＣＥＯのフレッド・グッドウィンは二〇〇五年、三億五〇〇〇万ポンドを投じ、新しい本店ビルをエジンバラ市郊外に建てた。

その目的の一つは、行員間に生産的な協力関係を構築することだった。そのために、三〇〇〇人以上の行員が日常的に交流できるよう、建物の中心に吹き抜けのロビーを設けた。この新施設は、社員間のコミュニケーションやアイデア交換を促進し、連帯感を高める設計になっている。オフィスの大半が開放的な間取りになっており、くだんの吹き抜けに面している。

敷地全体を見ると、まるで小さな街のようで、小売店、レストラン、ジョギングコース、サイクリングコース、ピクニックおよびバーベキュー用のスペースがある。さらにスポーツクラブもあり、水泳プールやジム、ダンススタジオ、テニスコート、サッカー場が完備されている。

グッドウィンが敷地内に、このような「目抜き通り」をつくったのは、行員たちが一日中、敷地内で過ごせば、オフィスを出た時、他の同僚と交流する機会も増えると考えたからである。

彼はまた、支店の行員たちにも同じ連帯感を抱いてもらうために、彼ら、彼女らが集まって勉強できる企業内ビジネススクールをつくった。そして、本店を訪問した行員には、できるだけこの敷地内で過ごし、人脈づくりの機会として企画したフォーラムに参加することを奨励した。

我々が調べたところ、RBSの各チームは実際、密接な人間関係を築き、これを確固たる足がかりにしてコラボレーションを推し進め、その任務を迅速に遂行していた。

たとえば、RBSの業務改善を担当するグループ・ビジネス・インプルーブメント・チームなどは、バックオフィスの業務改善からITシステムのリニューアルまで、さまざまなプロジェクトを担当し、また一プロジェクトに要する期間は三〇日のこともあれば、六〇日、九〇日のこともあり、しかもメンバーの所属は、欧米の各事業部門、たとえば保険、リテールバンキング、プライベートバンキングなどだった。RBSが二〇〇〇年、ナショナル・ウェストミンスター（通称ナットウェスト）を買収した際、同チームはITプラットフォームの統合を担当し、短期間でみごとにやり遂げ、多くのアナリストを驚かせた。

RBSのほか、シグネチャー・プラクティスに投資している企業にBPがある。BPの場合、本社社員は比較的少なく、残りの社員は世界中に散らばっている。そこでキャリア開発の一環として、複数の業務、事業、国を経験させて社内での人脈づくりを後押ししている。

他の石油会社を買収した時には――BPはこれまで、小さな石油会社を数え切れないほど買収することで成長してきた――リーダーシップ開発委員会の指示の下、被買収企業の社員はあちこちのポストを回る。BPではまた、シニアマネジャーにも複数のユニットを経験させる。たしかに、それぞれが熟知した部門を担当し続けるほうが、手間もコストもかからない。とはいえ、BP経営陣の構成を見ると、さまざまな種類の経験を重ねてきた人たちがほとんどである。

BPのリーダーには、一〇年で四つの事業と三つ地域を渡り歩いたという人もいる。彼ら、彼女らは頻繁なローテーションのおかげで、とにかく人付き合いがうまい。

❷コラボレーションの手本を示す

数千人規模の企業になると、経営陣の行動を日常的に目にする社員はそう多くない。それでもシニアマネジャーが率先してコラボレーションに努めれば、これによって社員たちも感化され、チームに大きな影響を及ぼす。

たとえば、チャータード銀行とスタンダード銀行が一九六九年に合併して誕生したスタンダードチャータード銀行のリーダーたちは、まさしくその手本といえよう。同行では、自然に協力が生まれてくるが、それは国際貿易という伝統によって培われたものである。現在、五七カ国に営業グループがあり、英国には本部があるだけである。

チャータード銀行は一八五三年、ビクトリア女王の特許状によって設立され、ボンベイ（現ムンバイ）の綿、コルカタ（カルカッタ）のインディゴ染料と紅茶、ビルマの米、ジャワの砂糖、スマトラのたばこ、マニラの麻、横浜の絹の貿易などに融資した。一方スタンダード銀行は一八六三年、南アフリカのケープ州で設立され、ダイヤモンド鉱山、さらには金鉱山の開発融資で名を成した。

同行のゼネラルマネジメント委員会のメンバーたちは、誰かの代理を務め合い、それが当たり前になっている。というのも、全員が銀行業務全般に通じており、たとえばどこかの地域で式典を開催する、会社の代表として重要な社外行事に出席する、あるいは行員たちとの意見交換会を開くなど、たいていどのような業務でもこなせるからだ。

社内にコラボレーションの文化を醸成するには、経営陣にそのような姿勢があるかどうかが決定的である。そして、これを目に見える形で社員に示すことが肝要である。スタンダードチャータード銀行のリーダーたちはフットワークが軽く、比較的短い会議でも出席する。

こうしたフェース・トゥ・フェースのコミュニケーションに腐心していることで、一般行員でも経営陣の行動を目にする機会が多い。しかも、社内コミュニケーションはオープンかつ頻繁である。世界中のどの支店に行っても、その国の総支配人や各部門長など、リーダーたちが肩を並べて写っている写真があちこちに飾ってあり、同行の社風をよく物語っている。

経営陣のコラボレーション志向は、組織に浸透する。社員たちはこれを見て、仕事を成し遂げるには、ふだんから人間関係を深めておくことが大切であると悟る。

たとえば、スタンダードチャータード銀行は顧客接点に新技術を導入するプロジェクトを立ち上げた。このチームリーダーは、各支店のキーパーソンは誰か、どのようにアプローチすればよいかを見極める、何とも不思議な能力の持ち主だった。またメンバーたちも、ファーストネームで呼び合う知人があちこちにいたおかげで、各支店のスタッフとも本音で会話することができた。

❸「ギフトカルチャー」を生み出す

経営陣が果たすべき第三の役割は、メンタリングやコーチングを日常の当たり前の行為として組織に浸透させることである。

メンタリングには、メンターの役割や責任が明確に定められた公式のものと、日常の一部になっている非公式のものの二つがある。我々はこの両方について調べ、その結果、どちらも重要だが、コラボレーションを促すに当たっては、非公式なメンタリングのほうが有効であることがわかった。

ギブ・アンド・テイクという取引的な文化を超えて、ギフトカルチャーという協力的な社風をつくるには、日常的なメンタリングが不可欠である。

たとえばノキアでは、新しい職場に配属されると、さっそく非公式のメンタリングが始まる。上司は通常、最初の二、三日間、新しい部下のために時間を割いて、彼ないしは彼女が知っておくべき人たちを、勤務地が異なる人も含めて列挙していく。これはおそらく、ノキアがまだ小さくてシンプルな組織だった頃に始まった習慣なのだろう。そして現在では、組織の文化規範として深く根付いている。

上司は新しい部下に、誰と、どのような話をすべきか、またその人との付き合いが大切な理由を、あえて時間をかけて説明する。かつて上司が入社した時にそうされたように、である。一方、部下のほうは、上司が教えてくれた人たちと会うために、積極的に連絡を図り、必要であれば他の地域まで赴く。

このようなコーチングや人間関係づくりに上司が費やす時間は、ノキアでは部下への贈り物と見なされ、コラボレーションの文化を醸成するうえで不可欠な要素と考えられている。

人事部の果たす役割とは

人事部は何をすべきなのか。コラボレーションは、経営陣に任せていればよいのだろうか。

我々は、公式なメンタリングやコーチングはもちろん、選考、業績管理、昇進、報酬、研修など、さまざまな人事施策について調べ、その効果のほどを確認した。すると、意外なことがいくつかわかった。

たとえば、報酬が個人業績に連動しているのか、それともチーム業績に連動しているのか、またコラボレーションと関係しているのか否かによって、チームの生産性やイノベーションに差が生じると考えていたが、実は何ら影響がないことが判明した。また人事制度は、チーム業績の向上にはあまり寄与していないようだった。

一方、明らかに効果的といえる施策が二つあった。その一つは、社員のコラボレーションスキルを強化することであり、もう一つは、彼ら、彼女らに非公式のコミュニティをつくらせることだった。

コラボレーションが活発な企業を調べてみると、たいていこれら二つの施策のうちのどちらか、あるいは両方に積極的に取り組んでいた。そしてその方法は、概してその企業文化と競争戦略を踏まえたものだった。

❹コラボレーションスキルを習得させる

コラボレーションを奨励する要素は、我々が「コラボレーションの器」と呼ぶもの、すなわち企業やチームの根底にある文化や習慣に大きく影響される。

我々が調査したチームの中には、コラボレーションを尊ぶ文化でありながらも、これを実現するスキルに乏しいチームがあった。つまり、会社がコラボレーションを奨励し、社員にもその意欲があるのだが、その方法がわからなかったのである。コラボレーションにはいろいろなスキルが要求されることは、我々の調査からも明らかである。

たとえば、相手に感謝の意を表する、ある目的を持って会話をする、生産的かつ創造的な方法で対立を解決する、プログラムマネジメント（複数のプロジェクトを同時並行で管理すること）などのスキルが必要である。このようなスキルを身につけさせるために、人事部や教育研修部が何らかのトレーニングを実施すれば、チーム業績は大幅に向上するかもしれない。

たとえば、我々が調べたチームの中で、生産的にコラボレーションする能力に最も秀でていたのが、プライスウォーターハウスクーパース（ＰｗＣ）である。

同社の場合、約一五〇カ国で一四万人の社員を教育しなければならない。そこで研修では、チームワーク、ＥＩ、人脈づくり、難しい内容の会話法、コーチング、ＣＳＲ（企業の社会的責任）、ＰｗＣの戦略と価値観を伝達する方法のほか、他人を感化したり、健全なパートナーシップを築いたりする方法について教える。

我々が調べた中で成功を収めているチームでは、多くの場合、対人関係力の育成にとりわけ熱心であった。たとえばリーマン・ブラザーズでは、クライアントと直接やり取りする社員向けの研修の中に「営業およびリレーションシップマネジメント」という授業を設けていた。

この場合、営業といっても、販売テクニックを教える授業ではなく、リーマン・ブラザーズがいかにクライアントを大切にしており、またクライアントはもれなく同社の経営資源を利用できるように、いかに日々努力しているかについて焦点を当てている。要するにこの授業は、クライアントとの信頼関係を重視し、それを構築することで、顧客と協力的なパートナーシップをつくるという戦略の一環にほかならない。

図表4-2｜コラボレーションすべきかどうか

チームを組織するに当たって、必ずしも異なる部門や地域の人たちが協働し合うチームである必要はない。新しいチームを組織・運営するに当たっては、まずそのチームに課された任務の性質を見極めなければならない。その際、以下の点が当てはまるかどうかを考えてみるとよい。

- [ ] 現在のチーム内のスキルだけでは、およそ任務をやり切れそうにない。
- [ ] 任務を遂行するには、新たなチームを別途組織しなければならない。
- [ ] 任務を遂行するには、専門性の高いメンバーが共同で取り組まなければならない。
- [ ] 任務を遂行するには、20人以上が取り組み、また足並みを揃える必要がある。
- [ ] メンバーの勤務地が、3カ所以上に分かれている。
- [ ] 任務の成否は、チーム外の人の考え方やニーズを把握できるかどうかにかかっている。
- [ ] 任務の成否は、不確実性が高く、予測不可能な出来事に影響される。
- [ ] 極めて短い時間で任務をやり切らなければならない。

↓

これらのうち3つ以上が当てはまれば、さまざまな地域や部門のメンバーが協働し合うチームを組織する必要がある。

❺連帯感を育む

連帯感は自然に生まれることもあるが、人事部の働きが大きな原動力になることも少なくない。たとえば、女性たちのネットワークを組織したり、週末の料理教室やテニス教室など、イベントやレクリエーションを主催したり、このような活動を後押しする方針や制度を整備したりするといったことが考えられる。

我々は、オランダの金融サービス会社、ＡＢＮアムロの本社部門で変革を担当する各チームについて調査した。これらのチームは公式な組織ではないものの、新たに導入したＩＴ関連プロジェクト、たとえばオンラインバンキングサービスの拡張などに取り組んだ。この種の任務を遂行するには、関連部門からスタッフが参加し、専門知識を提供し合う必要がある。

我々はこれらのチームメンバーたちにインタビューし、彼ら、彼女らのような非公式チームへの会社の支援体制について聞いたが、評価は極めて高かった。

ある技術や市場など、同じ問題意識を抱えた人たちが集まると、頻繁にウェブ会議を企画したり、オンラインでコミュニケーションを後押ししたりする。そこで会社は、バーチャルコラボレーションに必要な技術を提供する。これだけでなく、初めて他の地域に赴く行員には、できるだけ多くの人たちに会うよう奨励している。

さらにＡＢＮアムロでは、あるプロジェクトが終了し、ワーキンググループが解散しても、メンバー間の交流が続く。これが長く続けば、結束力の強いコミュニティが生まれ、これがその後、プロジェクトを成功させる基盤となる。

マリオットも同様で、インフォーマルネットワークづくりを人事政策の柱に据えている。同社は世界をまたにかける巨大企業になったいまも、昔と変わらぬ家族的経営を標榜している。

会長兼CEOのジョン・W・マリオット・ジュニアは、この信念を折に触れては社員たちに伝え、五セント硬貨を毎夜数えていた子ども時代の話をする。当時、彼の父母はワシントンDCの繁華街でルートビア（ノンアルコールの炭酸飲料）・スタンドを経営しており、そのあがりである硬貨を数えると、手がべたついたという。

マリオットの人事部は、多くの場合、友好的で家族的な雰囲気を強化する施策に取り組む。また社員同士のコミュニケーションでも、たいてい評価や感謝の言葉が添えられる。

さらに、イベントが突然開かれるなど、職場には遊び心と連帯感があふれている。たとえば突然、一九五〇年代に逆戻りしたかのように、カフェテリアでツイストダンスコンテストが開かれ、何事かと思えば、マリオットの第一号ホテルの開業記念日だったりする。あるいは、会長の誕生パーティが社内のあちこちで開かれたりもする。

こうした催しは、家族的な社風と価値観を組織に浸透させるうえで役立つ。また、会長のジョン・マリオットは最近、ブログを書き始め、社員の間で人気が高まっている。そのテーマは、同社における地球環境問題への取り組みから、彼が家族と一緒に休暇を過ごす時のお気に入りの場所までとさまざまだが、マリオットを一つのコミュニティとして見る姿勢は、どのテーマにも共通している。

チームリーダーの役割

高次元のコラボレーションを実現できるかどうかは、チームリーダーの力量に大きく左右される。このことは我々の調査からも明らかだ。そこで問題は、どのようなリーダーならば、これが可能なのかである。そして、その答えは「柔軟性」にあった。

❻任務も人間関係も大切にするチームリーダーを選ぶ

チームリーダーシップについては、これまでマネジメント研究者やシニアマネジャーの間で、さまざまな議論が闘わされてきた。その焦点は、複数の部門や地域にまたがるチームに適しているのは、はたして「人間関係重視」のリーダーか、それとも「任務重視」のリーダーなのか、にあった。

人間関係重視のリーダーには、信頼関係と性善説に基づいた環境を整え、知識の共有を促すという長所がある。かたや任務志向のリーダーには、具体的な目標を掲げ、チームに課された任務の規模について共通認識を形成し、指導とフィードバックを与える能力に優れている。

ところが、我々の調査によると、真実の解答は両者の中間にあった。我々が調べた五五チームの中で最も生産的かつ革新的といえたのは、概して人間関係重視と任務重視の姿勢を兼ね備えたリーダーのいるチームだったのである。

このようなタイプのリーダーは、プロジェクトの途中でリーダーシップスタイルを変える。最初のうちは、目標を掲げたうえで、任務について話し合ったり、一人ひとりの責任を具体化したりと、任務重視のリーダーシップに用いるが、プロジェクトのある時点から人間関係重視のリーダーシップに切り替える。その「ある時点」とは、チームの目標や各メンバーの責任が明確になった時期であり、また知識の共有をめぐって最初の対立が起こる時期でもある。

このようなリーダーとは対照的に、プロジェクトの最初から最後までリーダーシップスタイルを変えなかったリーダーが率いるチームでは、必ずと言ってよいほど長期的には業績が低下している。

マリオットでは、チームリーダーを養成するに当たり、対人関係スキルと任務遂行スキルの両方を兼ね備えた「両利き」にすることを第一義に置いている。業績評価でも、両方のスキルが重視される。では、どのように対人関係スキルを評価するかであるが、まず彼ら、彼女らに自分の社内人脈について述べさせ、その人脈がどのような形で役に立ったのか、また仕事を進める中で、どのような人間関係が生まれたのかについて、それぞれ事例を挙げながら説明させる。

このインタビューに基づき、人間関係や人脈づくりなどの項目について、具体的かつ詳細な計画を立て、対人関係スキルに磨きをかけさせる。この計画書には、たとえば「何らかの問題意識を抱えているコミュニティのメンバーたちと定期的に昼食をともにする」といったことまで記されることもある。

マリオットではまた、多くのチームリーダーが、自分のリーダーシップ能力を向上させるため、プロジェクトマネジメントの認証プログラムを受講している。彼ら彼女らが受けるのは、スキルを維持するうえで役立つ再教育コースである。実際、両方のスキルを合わせ持つことがリーダー職の要件になっている。

メンバー構成とチーム構造

複数の部門や地域の人たちが参加するチームの能力開発とマネジメントに資する手法として、最後に紹介するのは「チーム構成とチーム構造」についてである。

❼息の長い人間関係を築く

協力関係を築くうえで、信頼関係の有無は決定的である。したがって、新たにチームを組織する時、メンバーが顔見知りだったり、これまでの人間関係を考慮したりすれば、それが信頼関係の足がかりとなり、プロジェクトも成功しやすい。

我々の調査によると、見知らぬ者同士が集まったチームは、すでに人間関係が確立されているチームと比べて、協力が生まれにくい。面識のないメンバーが多いチームほど、その傾向が強い。

このようにまっさらなチームをつくり、ゼロから信頼関係を築くには、多くの時間と労力がかかる。しかし、一部メンバー同士が知り合いで、そこにそれなりの信頼があれば、ここを起点に人間関係の輪が広がっていく。

調査データを精査したところ、新たに組織されたチームでも、メンバーの二〜四割がそもそも顔見知りで、ある程度の人間関係があれば、チームが立ち上がった当初からコラボレーションが実現しうることがわかった。

したがって、社内の垣根を超えて人脈づくりに取り組むことは有益といえる。たとえばノキアでは、新入社員研修で、配属先にかかわらず、知り合いをたくさんつくることを奨励している。おかげで、一〇万人企業ながら、全社からメンバーを集めたチームでも、その中の誰かと誰かが知り合いで、ここを中心に人間関係の輪が広がっていく。

ノキアはまた、既存の人間関係を重視し、これを有効活用できるよう、組織構造にも工夫を施している。たとえば、あるスキルが別の職能部門や事業部門で必要になると、メンバー一人ひとりを異動させるのではなく、小さなチーム単位で異動させる。

つまり、新しい顧客ニーズを満たすために、市場やテクノロジーの専門家を集める必要が生まれれば、特定個人ではなく、各分野の専門家を集めた小グループをつくり、これを丸ごと異動させる。

おかげで、重要な人間関係は継承され、これは時間の経過とともにますます強化される。たとえこの人間関係を、次は市場ニーズのために用いることになろうと、何ら状況は変わらない。

このようなことがノキアでできるのは、物流、人事、経理・財務、その他の社内プラットフォームが全社共通であり、それゆえ新たにシステムについて学習することなく、異なる事業や地域を渡り歩けるからにほかならない。

ただし、人間関係を継続するに当たって、一つ大きな落とし穴がある。チームリーダーのスキルが未熟だと、協力し合うどころか、多くの場合、分裂を引き起こしかねない。

顔見知りのメンバーが多いチームでは、かつて職場や地域が一緒だったという共通項によって、堅固なサブグループが形成されやすい。しかし、このようなサブグループが形成されると、対立が起こりやすい。我々はこうした対立を「断層」と呼ぶ。

❽個人の役割は具体的に、任務の遂行方法については曖昧にしておく

目標達成への道筋を具体化した場合と、メンバー一人ひとりの役割を具体化した場合とでは、どちらがコラボレーションを促すだろうか。一般的には、前者と考えられている。すなわち、プロセスを詳細に定義し、各メンバーの役割は曖昧にしておいたほうが、アイデアの共有が進み、メンバー同士がさまざまな場面で助け合うというのだ。

ところが我々の調査では、逆の結果が出た。各人の役割を具体的に取り決め、その理解を深めたほうが、メンバーたちは自分に課された責任の大きさを実感し、協力関係はむしろ向上した。個人の役割が曖昧だと、誰が何をするのかわからず、話し合いや縄張り争いにエネルギーが向かい、仕事に集中できないからである。

そして、目標達成までの道筋には曖昧な部分が残っていたほうが、より協力が深まる傾向が見られた。たとえば、創造性が要求されるような任務の場合、方向性がはっきりしていなかったり、決まっていな

かったりしたほうが、時間とエネルギーを惜しまずに協力していた。

我々はBBCで、二〇〇六年の『ザ・プロムス』（ロンドンで毎年夏に開催される八週間に及ぶクラシック音楽祭）のラジオ放送とテレビ放送を担当したチーム、また二〇〇六年のFIFAワールドカップのテレビ放送を担当したチーム、そして昼のテレビニュースを担当したチームについて調べた。

どのチームも多数のメンバーを抱えており、『ザ・プロムス』チームが一三三人、ワールドカップチームが六六人、ニュースチームが七二人だった。また、多種多様なスキルが必要で、さまざまな分野の専門家たちが参加していた。となると、各メンバーの役割は曖昧になりやすい。ところが、実際は逆だった。メンバーたちは自分や他人の役割をきちんと理解し、この点に限って言えば、我々が調査したチームの中でもトップクラスだった。

これらBBCの各チームのメンバーたちは、自分に与えられた役割をまっとうするにふさわしい専門知識の持ち主であり、それぞれの役割ははっきりしていた。

たとえば、音響スタッフと撮影スタッフの間で、互いに仕事を干渉することはほとんどなかった。彼ら彼女らの仕事は、言うまでもなく臨機応変さが要求されるものであり、ニュース速報が入れば、いっそうである。にもかかわらず、彼ら彼女らがきっちり仕事をこなしているのは、一人ひとりの役割が極めて明確に規定され、摩擦が最小限に抑えられていたからである。

またロイターの場合、世界中に拠点があり、同じチーム内でも言葉が通じないメンバーが少なくない。ちなみに、ロイターで使われる言語は、主にロシア語、中国語、タイ語、英語である。メンバーの大半はソフトウェアプログラマーで、複雑極まりないソフトウェアとネットワーク製品を短期間で開発する仕事に取り組んでいた。

多くのプログラマーは、一二時間ぶっ続けでコード開発に取り組み、その間、誰とも話さないといった状況だったが、彼ら彼女らにインタビューしてみると「高次元の協力関係が実現している」という答えが返ってきた。この場合、メンバーがプロジェクトの一部を、それぞれ独立して担当していたことが、かえって協力関係を深めたのかもしれない。

スケジュールが厳しく、期日に間に合わせるには、急ピッチで仕事を進めなければならないため、各メンバーはそれぞれ独立して仕事に取り組まざるをえなかった。ただし、それぞれの仕事は、チーム全体の目標に基づいて決められていた。

＊　＊　＊

コラボレーション能力を組織的に高めるには、長期的かつ短期的な二つの取り組みが必要である。まず長期的には、人間関係を築き、信頼感を醸成し、シニアマネジャーたちがみずから手本を示し、協力の重要性を示すといった企業文化づくりに投資する。また短期的には、チームビルディング、各メンバーの役割の定義、課題や任務の具体的な説明について、賢明な意思決定を下すことである。

メンバーが互いに顔見知りで、全員が同じ場所で働いているチームでうまくいった方法や組織デザインは、コラボレーションチームでは通用しないことが多いため、要注意である。

協力を阻害する要因について、現在と過去で大きな違いがあるわけではない。ただし、グローバルな事業課題を抱えている現在においては、チームを大規模化し、多様性を高め、遠隔協力を実現し、専門性を高めなければならない。つまり、以前とは事業上のニーズが変わっており、チームのあり方もこれに適合させる必要がある。

企業が現在直面している複合的な課題を解決するには、さまざまな専門知識を結集しなければならない。とはいえ、そのせいでチームが崩壊してしまうおそれもある。これを防ぐには、本稿で説明したことに十分注意しなければならない。

本調査の概要

本稿は、コンコース・インスティテュートとロンドン・ビジネススクールの共同調査プロジェクトによるものである。この調査プロジェクトは、アドバンスト・インスティテュート・オブ・マネジメントと企業一五社の資金援助を受け、今日の組織におけるコラボレーションの実効性について調べるために発足した。

この調査では、五五のチームの二四二〇人のメンバーにアンケート票を送り、そのうち一五四三人から回答を得た。回答率は六四%である。アンケートは、チームリーダーとそのメンバー、チームを評価する立場のシニアマネジャー、人事部長を対象とし、質問内容はそれぞれ異なる。

各チームの任務は、新製品開発、リエンジニアリング、オペレーション上のソリューションなどである。チームが所属する企業には、電話会社四社、金融サービスおよび金融コンサルティング会社七社、メディア企業二社、ホスピタリティ企業一社、石油会社一社が含まれている。チームメンバーはそれぞれ四人から一八三人で、平均は四四人だった。

本調査の目的の一つは、コラボレーションチームのパフォーマンスを向上させる、そしてその成果であるイノベーションを実現するために、リーダーは何ができるのかを見つけ出すことだった。そのために、次に挙げるものを含め、考慮すべきことはもれなく調べた。

社風

協力を奨励する社風であるか、社員たちが知識共有にどのような姿勢で臨んでいるかについて調べるため、詳細にわたって質問した。

人事慣行と人事制度

人事異動や昇進、社内研修の範囲と種類、報酬体系、トレーニングと指導の水準について調べた。

交友と人脈づくり

同じチームのメンバー同士が業務を離れて、どれくらいの頻度で付き合っているか、またどのような付き合い方が最も一般的かについて調べた。また、非公式な交友範囲についても詳細にわたって質問した。

チームに課された任務

メンバーとリーダーには、その任務について尋ねた。そして、彼ら彼女らが任務の目的をどのように理解しているのか、その任務はどれくらい複数部門あるいは複数地域にまたがるものか、その遂行に当たってメンバー同士が依存し協力する必要があるか、チーム以外の人たちの活動が必要かなどについて調べた。

図表4-3｜8つの取り組み

1 「シグネチャー・プラクティス」に投資する

リーダーが、コミュニケーションを活発化させるためにオープンスペースの執務環境を用意するなど、チーム内の協力を重視していることを目に見える形で示せば、メンバーのコラボレーションを促すことができる。

2 コラボレーションの手本を示す

経営陣が率先してコラボレーションの重要性を示している企業では、社員たちも極めて協力的である。

3 「ギフトカルチャー」を生み出す

人脈づくりについて、主に非公式な形でメンタリングしたり、コーチングしたりすべきである。人脈があれば、社内の垣根を超えて協力できるようになる。

4 コラボレーションスキルを習得させる

人事部が人間関係づくり、コミュニケーション、対立の創造的解消に関する研修を実施すれば、チームのコラボレーション能力は大幅に向上するだろう。

5 連帯感を育む

連帯感があれば、比較的気楽に他のメンバーと接触したり、知識を共有したりできる。

6 仕事も人間関係も大切にするチームリーダーを選ぶ

リーダーシップスタイルにまつわる議論の焦点は、これまで任務重視か、それとも人間関係重視かにあった。しかし現実には、両方が欠かせない。一般的に、プロジェクトのスタート当初は任務重視のリーダーシップを発揮し、軌道に乗ったところで人間関係重視に切り替えるべきである。

7 息の長い人間関係を築く

新チームの場合、面識がない人が多すぎると、知識の共有が起こりにくいかもしれない。そこで、旧知の間柄の人たちを少なくとも2、3人入れるのが望ましい。

8 個人の役割は具体的に、任務の遂行方法については曖昧にしておく

個人の役割は具体的に規定する一方、チームの任務をどのように遂行していくのかについては曖昧にしておくと、協力性が高まる。

チーム内のリーダーシップ

各メンバーはチームリーダーのやり方をどのように理解しているか、一方リーダー自身はどのように考えているのかについて調べた。特に知りたかったのは、リーダーが人間関係重視と任務重視のスキルを合わせ持っているか、共通の目標あるいは競争上の目標を掲げているかである。

シニアマネジャーの行動

チームリーダーと各メンバーに、自分が所属する事業部門の担当シニアマネジャーの行動について質問した。とりわけ知りたかったのは、彼ら彼女らがシニアマネジャーたちの行動を協力的あるいは競争的であると考えているかどうかである。

以上のように、我々は合計一〇〇以上の要因について調査した。数々の統計分析を駆使した結果、さまざまな地域や部門のメンバーが協働し合うチームのパフォーマンスを向上させるには、八つの取り組みが効果的であることがわかった（**図表４－３**「八つの取り組み」を参照）。

【注】
シグネチャー・プラクティスの詳細についてはTamara J. Erickson and Lynda Gratton, "What It Means to Work Here," HBR, March 2007.（邦訳「『理想の職場』のつくり方」ＤＨＢＲ二〇〇七年九月号）を参照。

第 **5** 章

インナーワークライフの質を高める「進捗の法則」

ハーバード・ビジネス・スクール 教授
テレサ M. アマビール
リサーチャー
スティーブン J. クレイマー

"The Power of Small Wins"
Harvard Business Review, May 2011.
邦訳「進捗の法則」
『DIAMONDハーバード・ビジネス・レビュー』2012年2月号

テレサ M. アマビール
(Teresa M. Amabile)
ハーバード・ビジネス・スクールのエドセル・ブライアント・フォード記念講座教授。経営管理論を担当。著書に *The Progress Principle: Using Small Wins to Ignite Joy, Engagement, and Creativity at Work*, Harvard Business Review Press, 2011.（邦訳『マネジャーの最も大切な仕事——95％の人が見過ごす「小さな進捗」の力』英治出版、2017 年）などがある。

スティーブン J. クレイマー
(Steven J. Kramer)
リサーチャー。心理学博士（バージニア大学）。

2 人の共著論文に "Creativity Under the Gun," HBR, August 2002.（邦訳「時間的制約は創造性を高められるか」DHBR 2003 年 1 月号）、"Inner Work Life," HBR, May 2007.（邦訳「知識労働者のモチベーション心理学」DHBR 2008 年 3 月号）がある。

仕事のモチベーションはどこにあるのか

組織にイノベーションを生み出す仕事を後押しする最善の方法は何か。重要なヒントは、世界的に有名なイノベーターたちの物語に隠されている。

実は、ほとんどのマネジャーが気づいていないが、日々の仕事に高い生産性が要求される知識労働者、すなわち、一般の科学者、マーケター、プログラマーたちは、高名なイノベーターたちと多くの共通点があることが明らかになっている。感情に火をつけ、やる気を促し、知覚を刺激する仕事上の出来事というものは、どちらも基本的に同じである。

DNA構造の発見をめぐるジェームズ・ワトソンの回顧録『二重らせん』(注1)では、彼とフランシス・クリックがノーベル賞につながる研究の進展と挫折を通じて経験した感情の揺れ動きが描かれている。DNAモデル構築の最初の試みに気持ちを高ぶらせたワトソンとクリックだったが、その後、二人はいくつかの重大な不備に気づいた。ワトソンは、「モデルと格闘した最初の頃は、(中略)楽しい時間ではなかった」と記している。そして、その夜、「あるイメージが浮かんで、我々は元気を取り戻した」というのである。しかし、彼らの「大発見」を同僚たちに示したところ、そのモデルは機能しないことがわかった。そこからは、疑念とやる気の減退にさいなまれる日々が続く。

二人がついに正真正銘の大発見を成し遂げ、同僚がそこに何の欠陥も見出さなかった時のことを、ワトソンは「やっと難問の答えが見つかったと思い、私のやる気は急上昇した」と書いた。この成功に気をよくしたワトソンとクリックは、ほとんど研究室に閉じこもって研究を完成させようとした。

この間、二人の気持ちを常に左右したのは、研究の進捗（または進捗のなさ）である。企業内での創造的な仕事に関する最近の研究で、我々はこれとそっくりな現象を発見した。知識労働者たちがつけた日誌を詳しく分析することで明らかになったのが、「進捗の法則」（progress principle）である。すなわち、仕事中に「感情」「モチベーション」「認識」を高める可能性があるすべての要素のうち、最も重要なのは「有意義な仕事が進捗する」ことだったのだ。

そして人々は、そのような進捗を感じる頻度が増えれば増えるほど、創造的な仕事の生産性を長期的に高めやすくなる。科学上の大きな謎を解こうとしているにせよ、ひたすら質の高い製品やサービスを生み出そうとしているにせよ、日々の進捗（小さな成功でもかまわない）は、人々の感じ方や行動を大きく変えることができる。

進捗の力は人間の本質に欠かせないものだが、ほとんどのマネジャーはそれを理解しておらず、進捗をてこにしてやる気を高める方法も知らない。

実際、仕事のモチベーションは長い間、議論の的になっている。我々が調査の中で「社員の意欲を高めるカギは何か」について尋ねたところ、「優れた仕事に対する評価」が最も重要であると言うマネジャーもいれば、「目に見えるインセンティブ」を重視するマネジャーもいた。「対人関係の支援」の必要性を重んじる者もいれば、「明確な目標」が重要だと考える者もいた。興味深いことに、調査対象のマネジャーの中で「進捗」を一番目に挙げたのはごくわずかだった（**章末**「マネジャーにとっての意外な事実」を参照)。

もしあなたがマネジャーなら、進捗の法則は、どこに労力を集中させればよいかの明確なヒントになる。あなたは自分が認識している以上に、従業員満足、モチベーション、創造的アウトプットに対する影響力を持っているはずである。進捗を促すものは何か、進捗を阻むものは何かについて知ることが、社員やその仕事の効果的なマネジメントに重要であることが明らかになっている。

本稿では、進捗の力と、マネジャーがこれをどう利用すればよいかについて、我々が知りえたことを提案する。そして、進捗を重視するマネジメント行動とは具体的にどのようなものかを説明し、その行動を習慣付けるためのチェックリストを提供する。

なぜそれらの行動が有効なのかを理解するため、まず、我々の研究内容と、知識労働者の日誌が明かす「インナーワークライフ」(個人的職務経験)の実情を紹介する。

インナーワークライフの質を高める

我々は一五年近く、組織の中で複雑な仕事をする人たちの心理的経験とパフォーマンスについて調べてきた。早い段階でわかったのは、創造的な仕事の生産性を促すのは、主として職場におけるその人のインナーワークライフ(感情、モチベーション、認識の相互作用)の質だということである。社員が満足を感じているか。仕事への内発的興味(みずからのうちに自然と生じる興味)により、やる気になっているか。組織や経営陣、チーム、仕事、自分自身を前向きにとらえているか。これらが組み合わさって、彼らにより高いレベルの成果を出させたり、反対にその足を引っ張ったりする。

そのような内部力学をよりよく理解するため、さまざまなプロジェクトチームのメンバーに、平均四カ月のプロジェクト期間中、一日の終わりにメール調査に回答してもらった。(注2)

調査対象となったプロジェクトはいずれも創造性を必要とするもので、たとえば台所用品の開発、掃除用具の製品ライン管理、ホテルグループの複雑なIT問題の解決などである。毎日のメール調査では、参加者の感情や気分、モチベーションのレベル、その日の職場環境に関する認識のほか、どのような仕事をしたか、どのような出来事が心に残ったかを尋ねた。

七社の二六のプロジェクトチームから計二三八人が参加し、書かれた日誌の数は全部で一万二〇〇〇近くに上った。当然、各人にとって、よいこともあれば悪いこともあった。我々が目標としたのは、インナーワークライフの状態を知り、最高レベルの創造的アウトプットと相関する仕事上の出来事を見つけることである。

精神的な圧力や恐怖が成果を促すという俗説とは正反対に、少なくとも知識労働の分野では、インナーワークライフがプラス方向の時、つまり満足を覚え、仕事そのものに意欲を持ち、所属する組織や同僚のことを前向きにとらえている時に、創造性と生産性が高まることがわかった。また、そのようなプラスの状態では、人は仕事への責任感が高まり、周囲の人にもっと平等に接するようになる。

インナーワークライフは日々変化するし、時に激変する。そしてパフォーマンスもそれとともに変動する。ある日のインナーワークライフがその日のパフォーマンスを左右し、場合によっては翌日のパフォーマンスにも影響する。

この「インナーワークライフ効果」が明らかになると、次なる問いは、マネジメント行動がこれを機能させることができるのか、できるとすればどうすればよいのかというものであった。どのような出来事がプラスまたはマイナスの感情、モチベーション、認識を生じさせるのか。その答えは、調査に参加してくれた人たちの日誌の中に隠されていた。

インナーワークライフにプラスまたはマイナスに働くと予測できる誘因があった。個人による違いを加味しても、それらの誘因は誰にとってもほぼ同様であったのだ。

最良の日をもたらす「進捗の法則」

インナーワークライフの誘因を探ることで、我々は進捗の法則にたどり着くことができた。参加者の全体的な気分、具体的な感情、モチベーションのレベルをもとに、彼らにとって最良の日と最悪の日を比べたところ、「最良の日」をもたらす一番の出来事は、個人やチームの仕事の進捗であることがわかった。「最悪の日」をもたらす一番の出来事は、仕事の挫折や後退だった。

インナーワークライフの構成要素の一つである「全体的な気分」と進捗との関係を考えてみよう。最も気分がよい日のうち、仕事の進展があったのは七六％。反対に、仕事の挫折があったのは一三％にすぎない（**図表5-1**「気分がよい日・悪い日には何が起こったか」を参照）。

図表**5-1**｜気分がよい日・悪い日には何が起こったか

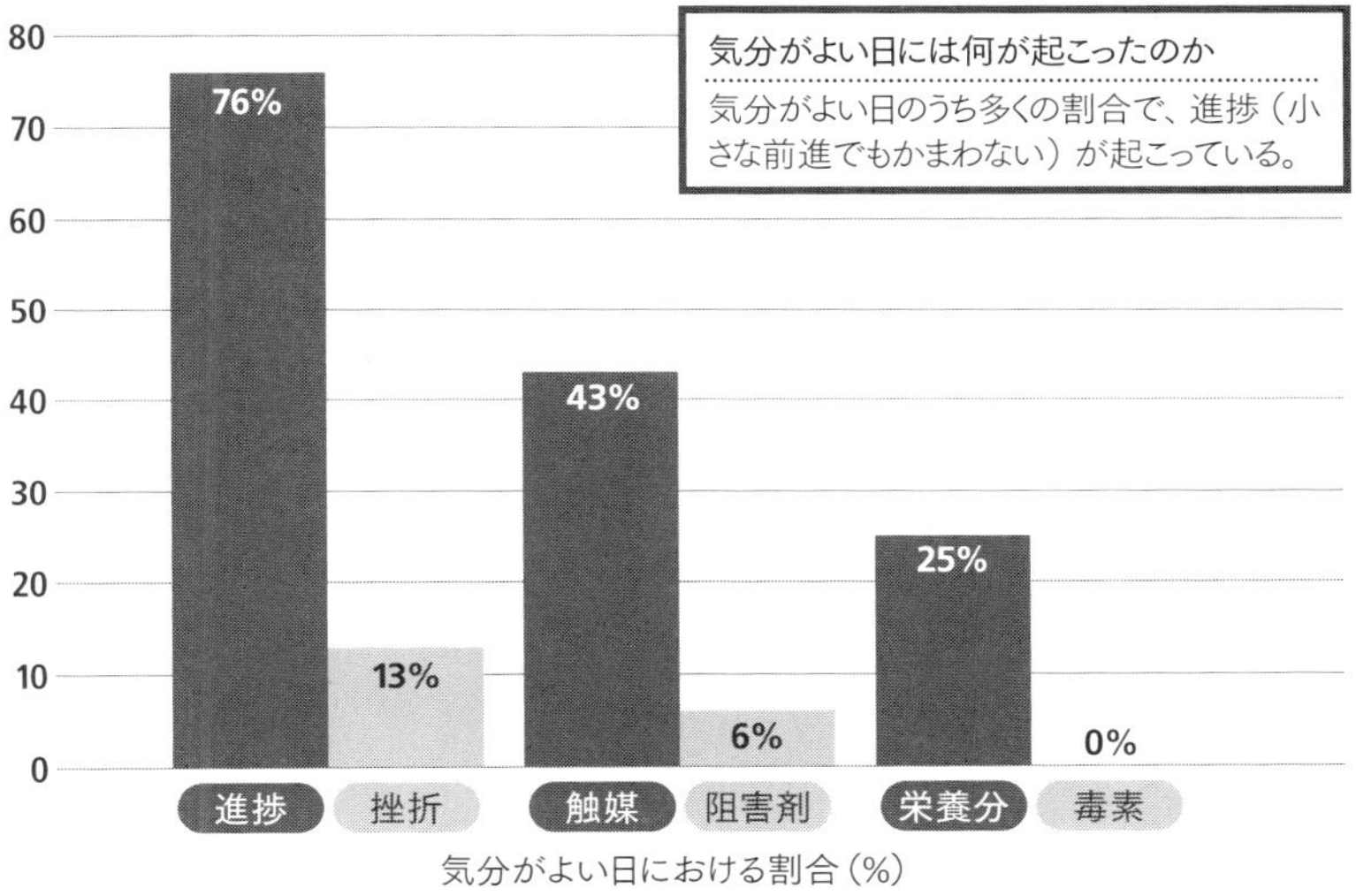

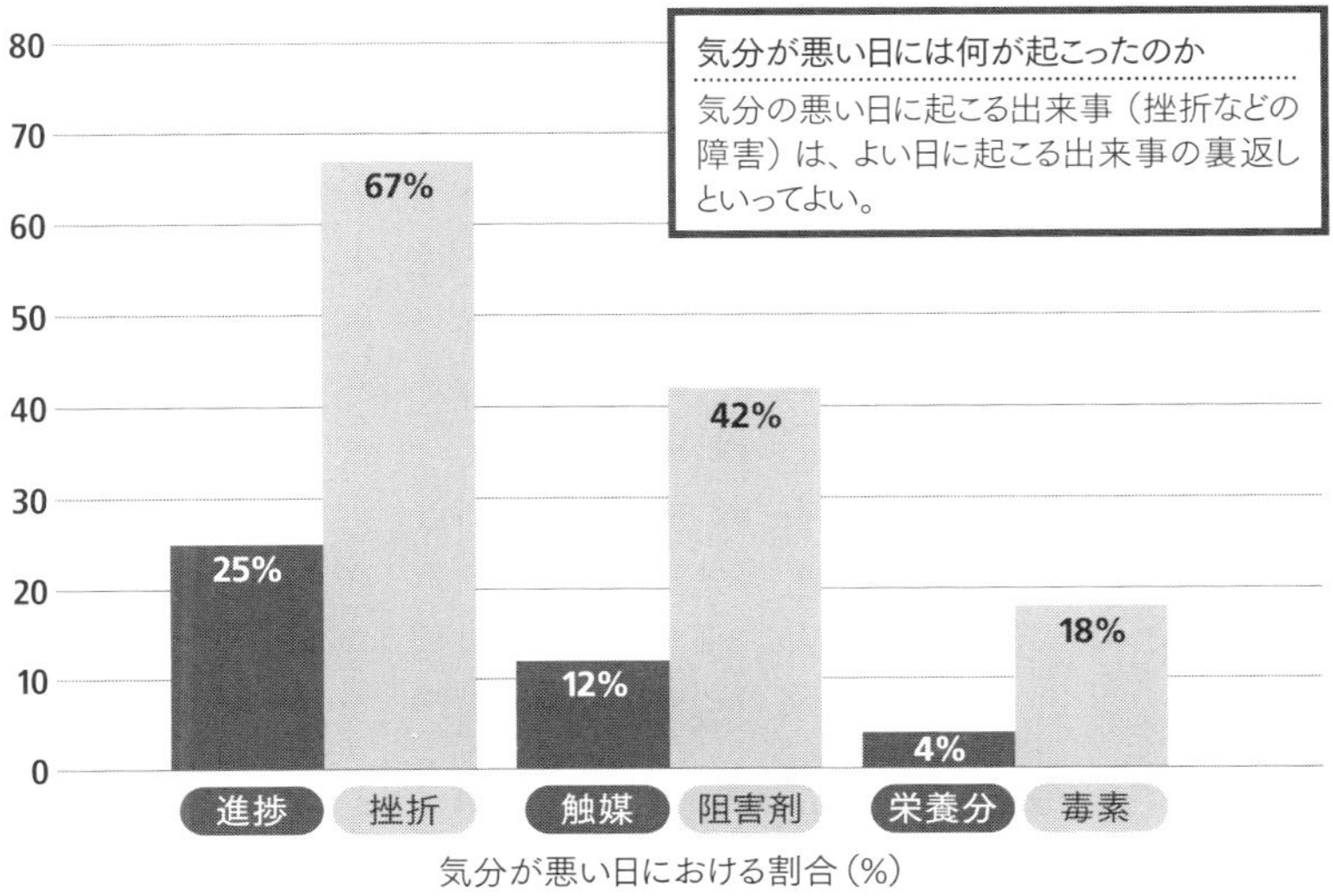

最も気分がよい日に起こりやすいインナーワークライフの誘因は、ほかにも二種類ある。「触媒」（他者や職場からの援助など、仕事を直接支援する行為）と、「栄養分」（敬意の表明、激励の言葉などの出来事）である。しかし、それぞれにはその反対の誘因もある。「阻害剤」（仕事を支援しない、あるいは積極的に妨害する行為）と、「毒素」（気持ちをくじく出来事）である。

触媒と阻害剤はプロジェクトが対象であり、栄養分と毒素は人が対象である。仕事の挫折と同じく、阻害剤と毒素はインナーワークライフが順調な日にはめったに生じない。

最も気分が悪い日の出来事は、最も気分がよい日の出来事の裏返しといってよい。気分が悪い日に多いのは仕事の挫折で、六七％の割合で起こっている。仕事の進捗があったのは二五％にすぎない。気分が悪い日には阻害剤と毒素も多く、逆に触媒と栄養分は少なかった。

進捗の法則をわかりやすく表現すると、次のようになる。ある人が一日の終わりにやる気と満足を感じていたら、きっとその人には何か進捗があったのだ。ぼんやりとつまらなそうに重い足取りで職場から出てきたら、仕事がはかどらなかった可能性が最も高い。

参加者が書いた一万二〇〇〇の日誌をすべて分析したところ、進捗と挫折はインナーワークライフの三つの側面すべてに影響することがわかった。進捗があった日は、参加者はプラスの感情を報告していた。一般的に気持ちが明るくなるだけでなく、喜びや思いやり、誇りも増していた。挫折があった日は、欲求不満が高まり、不安や悲しみが増した。

「モチベーション」も影響を受けた。進捗があった日は、人々は仕事そのものへの関心や喜びを通じて内発的動機（好奇心や関心など、その個人の欲求によって生じる動機）を得ていた。挫折があった日は、内発的動機が弱いだけでなく、他人から認めてもらうという外発的動機（規則、金銭的インセンティブ、指示や命令によって生じる動機）も弱かった。どうやら仕事上で挫折すると、人は無力感を覚え、仕事をする気が失せるようである。

「認識」についても、多くの点で日々異なっていた。進捗があった日には、人々は仕事に前向きなやりがいを感じていた。自分たちのチームは協力的であると考え、チームと上司の関係も良好であると答えた。多くの面で、参加者が挫折に直面すると、認識はよくない傾向を示した。仕事に前向きなやりがいをあまり感じず、仕事をするうえでの自由が少ないと考え、資源が不十分だと答えた。挫折があった日は、チームも上司もあまり協力的ではないと感じられた。

たしかに、我々の分析は相関関係を明らかにするが、因果関係を証明するものではない。前述のインナーワークライフの変化は進捗や挫折の結果だったのか、それとも原因と結果が逆なのか。数字だけではわからない。

だが、一万余りの日誌を読んで明らかになったことがある。それは、前向きの認識、達成感、満足感、幸福感、そして場合によっては高揚感が、進捗の後に生じるということである。

進捗の後に書かれた典型的な文面を紹介しよう。あるプログラマーの記述である。「ほぼ一週間悩まされてきたバグをついに退治しました。ほかの人には他愛もない出来事なのでしょうが、私はふだん、とても退屈な生活を送っているので、もう大興奮ですよ」

同様に、認識の悪化、フラストレーション、悲しみ、場合によっては嫌悪感が、挫折の後にたびたび生じることもわかった。

ある製品のマーケティング担当者は次のように書いている。「時間をかけてコスト削減プロジェクトのリストを更新しましたが、すべての数字を集計しても、まだ目標に達していません。あれだけ手間暇をかけたのに目標に到達できないなんて、がっかりです」

因果関係が双方向で成り立つのは、ほぼ間違いない。マネジャーはこの進捗とインナーワークライフとのフィードバックループを利用して、その両者を支援することができる。

小さなマイルストーンを設定する

進捗について考える時、我々はしばしば、長期的目標を達成したり、大躍進を遂げたりすると気持ちがよいだろうと想像する。もちろん、このような大きな成功は素晴らしいものだが、比較的稀である。幸い、小さな成功であってもインナーワークライフを大いに高めることができる。実際、調査の参加者が報告した進捗の多くは、ごくわずかな前進にすぎない。しかし、とてつもなく前向きな反応をたびたび引き起こした。

あるハイテク企業のプログラマーの日誌を見てみよう。その日の感情、モチベーション、認識に関する彼女の自己評価は非常に高かった。「この日、なぜそれが正常に機能しないのかがわかりました。ほっとしたと同時に満足感を得ました。ちょっとした節目になりましたから」

ごく平凡な少しずつの進捗でも、仕事へのやる気や仕事上の満足感を高めることができる。参加者が報告したさまざまな出来事を見ると、プロジェクトへの影響が小さかった出来事のうちかなりの割合（二八％）が、そのプロジェクトに関する人々の感じ方に大きな影響を与えている。

インナーワークライフは創造性や生産性にそれほど強い影響を及ぼす。また、多くの人たちが、少しずつだが着実に前進すると、優れたやり方で仕事を行うようになる。したがって、気づかれずに終わるような進捗が、組織のパフォーマンス全体にとっては極めて重要なのである。

残念ながら、その逆もいえる。わずかな損失や挫折がインナーワークライフに大きなマイナスの影響を及ぼすことがある。それどころか、我々の調査を含むさまざまな研究では、マイナスの出来事はプラスの出来事よりも影響力が強いことが示されている。したがってマネジャーは、日々のやっかいな出来事をできるだけ減らすことが特に重要である。

「有意義な仕事」の進捗を促す

目標に少しずつ近づくことができれば社員は満足すると述べた。ただし、その前に申し上げたことを思い出してほしい。モチベーションを高めるためのカギは、「有意義な仕事」の進捗を支援することである。前進はインナーワークライフにとってプラスだが、それはその仕事が自分にとって重要な場合に限られる。

これまでで最も退屈だった仕事を考えてみよう。多くの人は一〇代の頃に初めての仕事を経験する。

レストランでの皿洗いだったり、美術館でコートを預かる係だったりするだろう。そのような仕事では、進捗の力も当てにならない。どれだけ一生懸命働いても、洗う皿や預かるコートが尽きることはない。達成感が生まれるのは、一日の終わりにタイムカードを押したり、一週間の終わりに給料をもらったりする時だけである。

我々の調査の参加者が携わっていたような、もっとやりがいや創造性の余地がある仕事においても、単なる遂行だけでは、すなわち、業務を完了するだけで、良好なインナーワークライフが保証されるわけではない。

あなたも、この残念な事実を仕事の上で経験されたことがあるかもしれない。プロジェクトなどで一生懸命働いて仕事を終えたのに、やる気が出ず、評価されず、欲求不満がたまるという経験である。考えられる原因は、やり終えたその仕事をあなたが重要視していないことである。進捗の法則が働くには、仕事がそれをする人にとって有意義なものでなければならない。

一九八三年、スティーブ・ジョブズはジョン・スカリーを、ペプシコでの輝かしいキャリアを捨ててアップルの新しいCEOになるよう、口説いた。ジョブズは「このまま一生、砂糖水を売っていたいですか。それとも世界を変えるチャンスを手にしたいですか」と尋ねたという。

これは非常に強い心理的な力を利用した言葉である。つまり、人間には有意義な仕事をしたいという根深い欲求がある。幸い、有意義な仕事とは、一般大衆に最初のPCを普及させることでなくてもよいし、貧困の軽減や、がんの治療促進でなくてもよい。社会にとっての重要性がそこまで高くない仕事でも、働き手にとって重要な何か、もしくは誰かに価値を提供することができれば、十分意義がある。

それは、顧客のために高品質で役に立つ製品をつくることでもかまわないし、地域社会に真のサービスを提供することでもかまわない。同僚を支援することでもかまわないし、生産プロセスの非効率を減らして会社の利益を増やすことでもかまわない。

目標が高かろうが控えめであろうが、それが仕事をする人にとって有意義である限り、またその人の努力がそれにどう貢献するかがはっきりしている限り、目標へ向けての進捗は、インナーワークライフを活性化できる。

原則として、マネジャーは仕事に意義を持たせるために特別の努力を払う必要はない。近代組織の仕事は、そのほとんどが担当者にとって潜在的に有意義である。しかしマネジャーは、社員に「あなたの仕事は役立っている」と知らせることはできる。そして、これが最も重要なことだが、仕事の価値を否定するような行動を避けることもできる（**図表5-2**「仕事が意義を失う時」を参照）。

我々の調査の参加者がしていた仕事はどれも有意義なはずだった。皿を洗ったりコートを預かったりしている者は誰もいなかった。ところが、驚くほど多くの場面で、本来は重要でやりがいのあるはずの仕事が、人の意欲を鼓舞する力を失っていたのである。

触媒と栄養分が進捗を支援する

社員がやる気と責任感を持ち、満足するために、マネジャーは何をすればよいか。どうすれば労働者

3

いまの仕事が日の目を見ることはないだろうというメッセージを発する。

優先順位を変えたり、仕事のやり方を変更したりすると、無意識のうちにこうしたメッセージを伝えてしまうことがある。あるインターネット関連企業では後者のケースがあった。ユーザーインターフェースの開発担当者バートは、それまで何週間もかけて、非英語圏ユーザー向けのシームレス・トランジションを設計していた。当然、突然の変更について記した日のバートの気分は最悪だった。

「チームミーティングで、インターナショナル・インターフェースの別の対応策が提示されました。僕がいまやっている仕事は無駄になるかもしれません」

4

顧客の優先順位の予期せぬ変更を、社員に伝えそこなう。

これは顧客管理の不備や社内のコミュニケーション不足に起因することが多い。たとえば、IT企業のデータ変換専門家スチュアートは、チームの何週間にも及ぶ努力が無駄骨だったかもしれないと知った日、多大なフラストレーションとモチベーションの低下を報告している。

「顧客の問題意識が変わったせいで、プロジェクトがこのまま続かない可能性が高いことを知りました。つまり、プロジェクトに注いできた時間や労力がすべて無駄になる可能性が高いということです」

図表**5-2** | **仕事が意義を失う時**

創造的なプロジェクトチームの一員であった238人の知識労働者の日誌から、マネジャーが知らずしらずのうちに仕事の意義を失わせてしまうケースには、次の4種類があることがわかった。

1

社員の仕事やアイデアの重要性を顧みない。

ある化学会社の上級検査技師リチャードのケースを考えてみよう。彼は、新製品開発チームが技術上の複雑な問題を解決するのを手助けすることに、意義を見出していた。ところが、3週間にわたってチームミーティングを重ねるうち、チームリーダーがリチャードやチームメートの提言に取り合わないことがわかった。その結果、リチャードは自分が大した貢献をしていないと思い、気力が削がれた。しかし最終的には、自分はプロジェクトの成功にやはり貢献しているのだと思うことができ、大いに気をよくした。

「今日のチームミーティングでは、ずいぶん気分がよくなりました。私の意見や情報がプロジェクトにとって重要だと感じましたし、我々がある程度進捗したことも感じられました」

2

仕事に対する社員の当事者意識を失わせる。

突然の配置転換を繰り返すと、このようになりやすい。ある大手消費財メーカーの製品開発チームメンバーは何度もこのような目に遭った。メンバーの一人、ブルースは次のように書いている。

「いくつかのプロジェクトを後任に引き継いで思うのは、本当は途中でやめたくないということです。特に、そのプロジェクトに最初から関わって、もうすぐ終わりそうだという場合は――。当事者意識がなくなってしまいます。うちはこういうことが多すぎます」

の日々の進捗を支援できるか。「進捗への支援」以外に、「最良の日」によく見られる誘因である触媒と栄養分を提供すればよい。

触媒は、仕事を後押しする行動である。たとえば、明確な目標を定める、自主性を認める、十分な資源や時間を提供する、仕事を手伝う、問題や成功から率直に学ぶ、アイデアの自由な交換を認めるなどである。その反対の阻害剤の例は、支援を提供しない、仕事に干渉するなどである。

触媒と阻害剤は進捗に及ぼす影響が大きいため、最終的にはインナーワークライフに影響する。しかし、もっと直接的な影響もある。人は、明確で有意義な目標、十分な資源、助け合う同僚などの存在に気づいた時、たちどころに気持ちが高まり、優れた仕事をしようというモチベーション、仕事や組織に対する認識が向上する。

栄養分は、敬意と評価、激励、快適感、協力の機会など、対人的な支援行為である。その反対の毒素は、たとえば、相手を軽視する、落胆させる、感情を無視する、対立を煽るなどである。よきにつけ悪しきにつけ、栄養分と毒素はインナーワークライフに直接、かつ素早く影響を与える。

触媒と栄養分、そしてその反対の誘因は、人々の仕事に対する認識、さらには自分自身に対する認識を変化させることで、仕事の意義深さを変えることができる。たとえば、マネジャーが部下に必要な資源を与えるようにすれば、部下は自分の携わった仕事が重要で価値あるものだと感じる。マネジャーが部下の仕事を評価すれば、部下は自分が組織にとって重要だと感じる。このように、触媒と栄養分は仕事の意義を高め、進捗の法則の働きを増幅することができる。

触媒と栄養分を形づくるマネジメント行動は、とりたてて難しいものではない。単なる常識や良識ではないとしても、「マネジメントの基礎」といったところである。ところが、日誌の分析から思い知らされるのは、それがたびたび忘れられたり顧みられなかったりするという事実である。会社の中で比較的気配りがあるマネジャーでさえも、一貫して触媒と栄養分を提供できない場合があった。

たとえば、マイケルという名のサプライチェーンの専門家は、多くの点で、そしてほとんどの日は、優秀なグループマネジャーだった。しかし時々、困惑極まるあまり、部下につらく当たることがあった。あるサプライヤーが顧客からの「至急」の注文を処理しなかったせいで、マイケルのチームが期日に間に合わせるために空輸で対応せざるをえないことがあった。そのせいで利益が吹っ飛んでしまうことに気づいた彼は、いら立って部下たちを叱り飛ばした。彼ら彼女らの堅実な仕事ぶりをないがしろにし、サプライヤーに対する彼らの不満などおかまいなしだった。マイケル自身、日誌の中でそのことを認めている。

「金曜日の時点で、二番目に大きなお客様に三〇ドルのジェット噴霧式モップを一五〇〇個発送するため、空輸費用を二万八〇〇〇ドル使いました。この注文はまだ二八〇〇個残っており、それも空輸になる可能性がかなりあります。私は優しいサプライチェーンマネジャーから、黒い覆面をかぶった死刑執行人に変身しました。丁重な態度など打ち捨てました。もう後がありません。飛行機は禁止。こうなったらケンカです」

マネジャーが行き詰まっていない時であっても、着実に進捗を図るために必要なものを部下たちに与え、人間として尊重されていると感じさせるよりも、長期的な戦略を立てて新しい取り組みを始めるほうが重要である——それにたぶん格好いい——と思うことが多い。だが、我々の調査で繰り返し見られたように、いくら最高の戦略でも、それを現場で実行しようとする人間をマネジャーが無視すれば、必ず失敗する。

手本となるマネジャーの姿

進捗の触媒となり、精神の栄養となる数多くの（そして大部分はごく当たり前の）手法を説明することもできるが、まずはこうした手法を一貫して用いたマネジャーの例を紹介しよう。その後に、どのようなマネジャーでも同様に実践できる簡単な方法を提示するほうが効果的だろう。

我々の手本となるのは、グラハムというマネジャーで、ヨーロッパの多国籍企業クルーガー・バーン（仮称）で化学エンジニアの小さなチームを率いていた。このチームのプロジェクトのミッションは明確かつ有意義なものだった。すなわち、化粧品とさまざまな消費財分野で、石油化学製品に代わる安全な生分解性ポリマーを開発することである。

しかし、多くの大企業がそうであるように、このプロジェクトも、経営陣に優先事項の変更を強いたり、利害の対立を招いたり、やる気にムラがあったりと、社内をかき回し、時には危機にさらすこともあった。資源は逼迫し、プロジェクトの将来、そしてプロジェクトメンバー全員のキャリアがどうなるのかは不透明だった。しかも、プロジェクトの初期に、重要な顧客が試作品に激怒するという出来事が起こり、チームには動揺が走っていた。

しかしグラハムは、障害を何度も目に見える形で取り除き、進捗を大きく後押しし、チームを感情面で支えることにより、チームメンバーのインナーワークライフを維持することに成功した。

グラハムのマネジメント手法は次の四つの点で優れていた。

第一に、前向きな環境を一歩一歩築き、それがチーム全体の行動規範になった。たとえば、顧客の苦情でプロジェクトがストップした時、彼は誰を非難することもなく、ただちにメンバーたちと問題を分析し、関係修復の計画を立案した。

これは仕事上の危機にどう対応するかの見本である。パニックになったり、誰かを責めたりするのではなく、問題とその原因を明らかにし、組織的な行動計画を立てるのである。これは実際的なアプローチであると同時に、複雑なプロジェクトに付き物の落ち度や失敗に直面しても、部下たちが進捗を感じられる、優れた方法である。

第二に、グラハムはチームの日々の活動や進捗をよく把握していた。実際、彼が築いた中立的な環境のおかげで、これは自然と可能になった。チームメンバーは自分たちの挫折、進捗、計画について、求められなくても頻繁に彼に報告した。

ある時、仕事熱心なメンバーの一人であるブレーディが、測定機器のパラメーターを正しく設定できなかったため、新しい素材の試験を中断せざるをえなくなった。チームがその機器を使えるのは週に一日だけだから、厳しい事態である。

しかし、ブレーディはすぐにグラハムに報告した。その日の日誌で、ブレーディはこう書いている。「一週間がふいになってグラハムは不機嫌でしたが、理解はしてくれたようです」。その理解のおかげでグラハムには新しい情報がたえず入り、彼は進捗を促すために必要なものを的確に部下に与えることができた。

第三に、グラハムはチームやプロジェクトの最新の状況に応じて支援を提供した。日々、どのように関与すればメンバーのインナーワークライフや進捗に最大の効果があるかを予測することができた。触媒を提供するのか、それとも阻害剤を取り除くのか。栄養分を与えるのか、それとも解毒剤を注入するのか。判断がつかない時はメンバーに尋ねたが、ほとんどの日は判断に苦労しなかった。

グラハムの上司がプロジェクトに本腰を入れるという嬉しい知らせを聞いた日もそうである。会社の組織再編が噂されており、チームメンバーはそのことに神経質になっていたので、激励することが必要だった。その知らせが明らかになったのはプライベートな休暇中だったが、すぐさま電話を取り、チームに朗報を伝えた。

最後に、グラハムはマイクロマネジャー（口うるさい管理者）ではなく、チームメンバーの支援者に徹した。メンバーの中に交わって様子をうかがいこそすれ、メンバーを外から監視していると思われないように心がけた。

一見どちらも同じようだが、マイクロマネジャーは四つの誤りを犯す。

第一に、仕事をする際の自主性を認めない。プロジェクトチームに明確な戦略目標を与えたうえで、それを達成するためのメンバーのアイデアを尊重したグラハムと違って、マイクロマネジャーはメンバーの一挙手一投足に指示を出す。

第二に、マイクロマネジャーは部下に仕事のことをよく尋ねるくせに、実際に手助けすることはない。

反対に、チームメンバーの一人から問題の報告を受けた時、グラハムはさまざまな解釈の可能性を探りながらその分析を手伝い、最終的には軌道修正に資することもしばしばだった。

第三に、マイクロマネジャーは問題が起きるとすぐに人を責めるので、部下は、グラハムとブレーディの場合のように問題の解決法を率直に話し合うよりも、それを隠そうとする。

そして第四に、マイクロマネジャーは情報を秘匿し、これを武器に使おうとする。これがインナーワークライフをどれほど損なうかをわかっている者はほとんどいない。

役立つはずの情報をマネジャーが出し惜しみしていると気づけば、部下は子ども扱いされていると感じ、やる気が萎え、仕事にマイナスの影響が出る。グラハムは、プロジェクトに対する経営幹部の見解、顧客の意見やニーズ、社内外で得られる援助や予想される抵抗などを早々に伝えた。

このようにしてグラハムは、チームの前向きな感情、内発的動機、好ましい認識を支援した。彼の行動は、あらゆる層のマネジャーが進捗を促すべく毎日の仕事にどう臨めばよいかの優れた見本である。

多くのマネジャーは、いくら善意の人であっても、「グラハムのような習慣を身につけるのは難しい。彼にとってはたやすいのかもしれないが」と考えるだろう。

もちろん、知ることは第一歩である。しかし、インナーワークライフの重要性を知っても、それを日常的な行動に落とすには鍛練を要する。そのことを念頭に、我々は、マネジャーが日々参考にできるチェックリストを作成した（**図表5-3**「日々の進捗チェックリスト」を参照）。狙いは、一日一日の意義ある進捗を促すマネジメントである。

明確な手がかりと、それが進捗をはじめとする出来事について、さらにどのような情報を提供するかを考えよう。最後に、行動の優先順位をつける。日々の振り返りで最も大事なのは、翌日のアクションプランである。進捗を最大限促すためにできることは何だろう。

（p.136に続く）

挫折

今日のどのような出来事（1つか2つ）が、小さな挫折または危機の可能性を表しているか（簡単に記述せよ）。

阻害剤

- □ 有意義な仕事の短期的・長期的**目標**が不明瞭だったか。
- □ チームメンバーは問題を解決し、プロジェクトに当事者意識を感じるうえで、**制約**を受けすぎていたか。
- □ チームメンバーには、効率的に前進するのに必要な**資源**が足りなかったか。
- □ チームメンバーには、有意義な仕事に集中する**時間**が足りなかったか。
- □ 必要とされた、あるいは要求された**支援**を、誰かが提供しなかったか。
- □ 失敗を罰したか、あるいは成功や失敗に潜む**教訓**あるいはチャンスを探そうとしなかったか。
- □ **アイデア**の発表や議論を、誰かが時期尚早にさえぎったか。

毒素

- □ 進捗に対する貢献を評価せず、アイデアに関心を払わず、信頼できるプロフェッショナルとして扱わないことで、チームメンバーを**軽視**したか。
- □ チームメンバーを、どのような形であれ、**落胆**させたか。
- □ 個人または仕事上の問題を抱えたチームメンバーを**無視**したか。
- □ チームメンバー間またはメンバーと自分の間に、緊張や**対立**があるか。

図表**5-3**｜**日々の進捗チェックリスト**

毎日の終わりに、このチェックリストを使ってその日を振り返り、翌日のマネジメント行動を計画してほしい。数日経てば、太字の言葉をざっと見るだけで判断できるようになる。まず、進捗と挫折に焦点を当て、それに寄与した具体的な出来事（触媒、栄養分、阻害剤、毒素）を考えよう。次に、インナーワークライフに関する

進捗

今日のどのような出来事（1つか2つ）が、小さな成功または飛躍の可能性を表しているか（簡単に記述せよ）。

触媒

- □ チームは、有意義な仕事について明確な短期的・長期的**目標**を持っていたか。
- □ チームメンバーは、問題を解決しプロジェクトに当事者意識を感じるだけの**自主性**を与えられていたか。
- □ チームメンバーは、効率的に前進するのに必要な**資源**をすべて備えていたか。
- □ チームメンバーには、有意義な仕事に集中する**時間**があったか。
- □ チームメンバーが**支援**を必要とした、あるいは要求した時、それを提供したか。メンバーがお互い助け合うように促したか。
- □ 今日の成功または失敗からの**教訓**をチームメンバーと話し合ったか。
- □ グループ内の自由な**アイデア**交換を支援したか。

栄養分

- □ 進捗に対する貢献を評価し、アイデアに関心を払い、信頼できるプロフェッショナルとして扱うことで、チームメンバーに**敬意**を表したか。
- □ 困難な課題に立ち向かったチームメンバーを**激励**したか。
- □ 個人または仕事上の問題を抱えたチームメンバーを**支援**したか。
- □ チーム内には、個人または仕事上の**協力関係**や一体感があるか。

（p.134から続く）

インナーワークライフ

今日、部下のインナーワークライフの質について何かわかったことがあるか。

仕事、チーム、マネジメント、会社に対する認識：

感情：

モチベーション：

今日のどのような出来事がインナーワークライフに影響を与えたかもしれないか。

アクションプラン

特定された触媒と栄養分を強化し、足りない触媒と栄養分を提供するために、明日何ができるか。

特定された阻害剤と毒素をなくしていくために、明日何ができるか。

「進捗のループ」を育む

インナーワークライフはパフォーマンスの原動力である。絶えざる進捗があってこそ、優れたパフォーマンスを実現できる。そして、その進捗はインナーワークライフを強化する。我々はこれを「進捗のループ」と呼ぶ。自己増強的なベネフィットの好循環が可能なのである。

したがって、進捗の法則が意味する最も重要なポイントは以下のようになる。すなわち、人々の有意義な仕事の進捗を支援することにより、マネジャーは彼ら彼女らのインナーワークライフだけでなく、組織の長期的パフォーマンスを改善することができ、それがインナーワークライフをさらに強化する。

もちろん負の側面もある。マイナスのフィードバックループが働く可能性である。マネジャーが進捗を後押しせず、進捗を求める人々を支援しなければ、インナーワークライフもパフォーマンスも精彩を欠く。そして、それぞれのパフォーマンスが落ちれば、そのインナーワークライフはさらに悪化する。

進捗の法則が意味する第二のポイントは、マネジャーは部下のモチベーションや満足感を保つために、彼らの心理を読もうと焦る必要はないし、複雑なインセンティブに頼る必要もないということである。基本的な敬意や配慮を怠らない限りは、仕事そのものの支援に集中すればよい。

有能なマネジャーになるためには、このプラスのフィードバックループを働かせるようにしなければならない。そのためには大きな意識改革が必要になるだろう。

ビジネススクールやビジネス書、そしてマネジャー自身は、組織や人材のマネジメントを重視する傾向がある。しかし、進捗のマネジメントを重視すれば、人材のマネジメント、さらには組織全体のマネジメントさえも、もっと実現が容易になる。

部下のインナーワークライフをのぞき見る術などわからなくてもよい。有意義な仕事における部下たちの着実な進捗を促し、その進捗を可視化し、部下たちに上手に接すれば、彼らは優れたパフォーマンスに必要な感情、モチベーション、認識を経験するだろう。その優れた仕事は組織の成功に貢献するだろう。そして、ここが肝心な点なのであるが、彼ら彼女らは仕事が好きになるに違いない。

マネジャーにとっての意外な事実

一九六八年発行のHBR誌に掲載された名著論文(注3)で、フレデリック・ハーズバーグは「人が仕事に最も満足する(したがって最も意欲が高まる)のは、その仕事から達成感を味わう時である」と記している。彼のこのメッセージは、我々の発見と同じである。

本稿で紹介した日誌の調査で、我々は何千日分もの出来事をリアルタイムでつぶさに調べたが、そこで明らかになったのは、達成感の根底を成すのが「絶えざる有意義な進捗」だという事実である。

しかし、世のマネジャーは、ハーズバーグの教えを重く受け止めていない節がある。そこで、日々の仕事の進捗が持つ重要性を現代の人々がどう認識しているのかを調べるため、我々は最近、全世界数十社のさまざまな職位のマネジャー六六九人にアンケートを実施した。

質問の内容は、社員のモチベーションや感情に影響を与えうるマネジメント手法について、①仕事の進捗に対する支援、②優れた仕事に対する評価、③インセンティブ、④対人関係の支援、⑤明確な目標、の五つを重要だと思う順にランク付けしてもらった。

アンケートに回答したマネジャーの九五%は、「進捗への支援」がモチベーションを高める主たる方法だと知ったら驚くだろう。というのも、「進捗への支援」を一位にしなかった人がそれだけ多くの割合いるからである。モチベーションを高める要因の一位に「進捗への支援」を挙げたマネジャーは三五人、五%にすぎない。回答者の大多数が、「進捗への支援」をモチベーションの誘因としては最下位、感情への影響要因としては三位に位置付けた。モチベーションと満足感を高める最重要の誘因として選ばれたのは、「優れた仕事に対する評価」（公的な評価、私的な評価を問わない）である。

我々の日誌の調査では、「優れた仕事に対する評価」もたしかにインナーワークライフを高めたが、その効果は「進捗への支援」には遠く及ばなかった。また、仕事上の成果がなければ、そもそも評価すべきものもない。

【注】

（1）James D. Watson, *The Double Helix*, Atheneum, 1968. 邦訳は講談社、一九八六年。

（2）Teresa M. Amabile and Steven J. Kramer, "Inner Work Life: Understanding the Subtext of Business Performance," HBR, May 2007.（邦訳「知識労働者のモチベーション心理学」DHBR二〇〇八年三月号）

（3）Frederick Herzberg, "One More Time: How Do You Motivate Employees?" HBR, January 1968.（新訳「モチベーションとは何か」DHBR二〇〇三年四月号）

第6章

チームEIの強化法

ニューハンプシャー大学 准教授
バネッサ・アーク・ドリュスカット
グループ・エモーショナル・インテリジェンス・パートナーズ パートナー
スティーブン B. ウルフ

"Building the Emotional Intelligence of Groups"
Harvard Business Review, March 2001.
邦訳「チームEQの強化法」
『DIAMONDハーバード・ビジネス・レビュー』2001年8月号

バネッサ・アーク・ドリュスカット
(Vanessa Urch Druskat)
ニューハンプシャー大学ピーター T. ポール・ビジネス・アンド・エコノミクスの准教授。共著に、*Linking Emotional Intelligence and Performance at Work: Current Research Evidence With Individuals and Groups*, Psychology Press, 2016.（未訳）などがある。

スティーブン B. ウルフ
(Steven B. Wolff)
ドリュスカットとグループ・エモーショナル・インテリジェンス（GEI）のメソッドを築き、GEIパートナーズを設立。そのパートナー。

集団にもEI（感情的知性）が存在する

一九九〇年代、エモーショナル・インテリジェンス（ＥＩ：感情的知性）という概念を初めて耳にしたマネジャーたちは、目からうろこが落ちる思いがしたものだ。それまで何となく感じていたことが、はっきりと表現されたからだ。

この考え方を企業組織に当てはめれば、そこに働く個々人の能力はＩＱ（知能指数）のみならず、ＥＩによっても左右されるということである。

ＥＩの影響力は、非常に大きかった。最も重要なのは、物事を前向きに思考させる可能性が示されていたことである。流れに身を任せるのではなく、みずからの努力でＥＩを高められれば、仕事でもプライベートでも、それまで以上の力を発揮することができるという点だった。

唯一の問題は、ＥＩが単に個人のコンピタンス（能力）を示すものとして理解され、企業内の仕事の大半がグループ単位で取り組まれている現実にそぐわない、という反応だった。

つまり、マネジャーの課題——グループをより効果的に機能させる方法を探り当てること——への解決策とはならなかったのだ。だが、我々の研究からは、次の点が新たに判明した。

●ＥＩの特性は、グループにも当てはまる。

●グループの能力は、チームのＥＩに大きく左右される。
●チームのＥＩは、努力次第で高められる。
●チームのＥＩが高まれば、それは業績の向上につながる。

チームの能力を高める三要件

グループをより効果的に機能させることの重要性に、疑問をはさむ者はいないだろう。ただし従来、このことに関する研究は、最も成功しているグループに見られる業務プロセスの特徴――すなわち、目標達成に向けた協力体制、参加意識、そして参加者の要件――を究明することに終始してきた。

その特徴を特定できれば、他企業も容易にそれを真似することができ、同様の効果を生み出せるという前提があったようだ。

しかし、このような研究の方向性は間違っている。たとえば、ピアノを習う生徒は、教えられれば「メヌエット・ト長調」を弾けるようにはなるだろうが、音楽史を学ぶことなく、また、演奏に心を込めることなく、現代のバッハになることはできない。

同じように、グループが大成功を収めるために不可欠な基本条件というものがある。業務プロセスを効果的なものとし、チームメンバーを心から業務に取り組ませる環境である。

にどのように影響を及ぼすのかを理解できることである。言い換えれば、当該グループ内およびその外で人間関係を築いたり、課題や難題にグループとして対処したりする能力を高めるには、どのように行動すべきかという問題である。

EIとは、仕事や業務における人間の感情を掘り下げ、受け入れ、究極的には頼ることである。詰まるところ、仕事とは極めて人間的な行為だからだ。

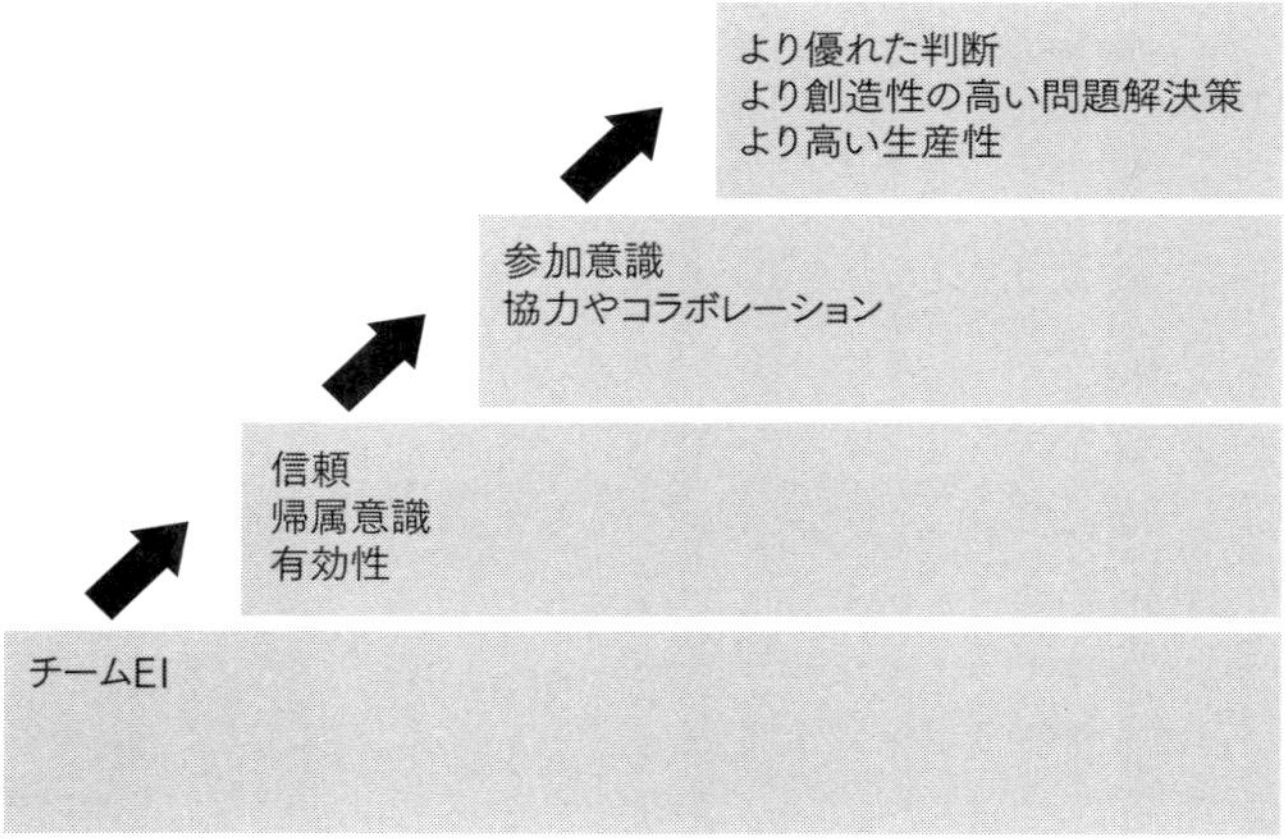

我々は、グループ能力を高めるうえで欠かせない、三つの条件の存在を知った。

❶メンバー間に信頼関係が築かれていること。

❷メンバー一人ひとりがグループへの帰属意識を持っていること。

❸各メンバーが、グループの強みを認識していること。

このような状況が整っておらずとも、表面的に協力し合ったり、参加意識を表明したりすることはある。ただしそれでは、持てる力をフルに発揮することは難しい。なぜなら、たいがい

図表**6-1**｜**チームダイナミズムのモデル**

メンバーの参加意識、協力やコラボレーション（協働）が高まった時、そのグループの創造性と生産性が向上することに関する実証研究は多数発表されている。

このような対人行動に至らせるためのルールを、グループ全体に浸透させることは容易ではない。

我々の研究から、このような行動の前提として、次の3つの基本的条件が整っている必要があることがわかった。

❶メンバー間の信頼
❷グループへの帰属意識：働きがいのあるグループに属しているとメンバー自身が感じること
❸グループの有効性の認識：グループがうまく機能しており、単独よりもコラボレーションしたほうが力を発揮できると、メンバーが感じること

これら3条件のいずれにおいても、その中心となるのが、人間の感情である。したがって、このような信頼感や参加意識は、「環境」（メンバーの感情にうまく対処できる、グループ内のEIが高まるとグループ全体のメリットにつながるなど、グループ内の組織文化）から生まれる。

「チームEI」とは、不愉快な感情が芽生えた場合、いかに対処し、速やかにこれを抑制できるかといった組織能力ではない。まったく逆である。

チームEIとは、意図的に感情を表出させることであり、それがグループの作業

のメンバーは脇目も振らずに取り組むというよりも、むしろ一歩退いた態度を取りがちだからだ。

グループの力を最大限引き出すには、行動や態度に関する規範を設定し、先の三条件を満たす環境を用意しなければならない。このような規範に基づいた態度や行動はやがて習慣化していく。その結果、グループ全体が担当業務に一〇〇％打ち込むようになるのだ（**図表6－1**「チームダイナミズムのモデル」を参照）。

ＥＩの高いグループには行動規範がある

注意すべきは、メンバー個人のＥＩが高いからといって、必ずしもチームのＥＩが高くなるとは限らないという点である。どのような組織であろうと、どのようなグループであろうと、固有の特性というものがある。

したがって、先の三条件を整え、相互に補強し合う環境をつくるには、メンバー一人ひとりがＥＩの高い行動を発揮するだけでは不十分である。

そこで、グループ内に何らかの雰囲気、すなわち、チームのＥＩを高めるような行動規範に則りながら、感情キャパシティ（感情的に不快な状況にも前向きに対応する能力）を育み、建設的な方法でメンバーの感情に影響を与える雰囲気を醸成することが求められる。

チームのＥＩは、個人のＥＩよりもかなり複雑である。グループと他者との接触は、より多くのレベルで行われるからである。

この違いを理解するため、まずダニエル・ゴールマンが定義した個人のＥＩという概念を整理してみよう。代表的著作である *Emotional Intelligence*（邦訳『ＥＱ　こころの知能指数』講談社）の中で、彼はＥＩが高い人間の特徴を次のように説明している。

「ＥＩが高い人間は、みずからの感情の変化を意識し、これを制御（regulation）できる。そしてこのような意識と制御は、自己の内面にも、他者にも向けられる」

またゴールマンによれば、「個人のコンピタンス」は自己の感情を自覚・制御することから生まれ、「社会的なコンピタンス」とは他者の感情を意識・制御することである。

これがグループとなれば、次に挙げる三つの対象の感情や気分そして雰囲気を意識し、制御しなければならない。

❶メンバー
❷グループ
❸外部の個人やグループ

それぞれの場合において、EIが欠如すると、グループの機能がどのように低下してしまうのかについて探ってみたい。また、グループ独自の行動規範を築くことによって、先の三分野における意識と制御が高まると、より高い成果が得られることも示したい。

三つのケースをもとに、最初は、個々のメンバーについて焦点を当ててみよう。具体的には、EIの高いグループは、どのようにして各メンバーの感情に対処しているのか、についてである。次にグループ自体に目を移そう。最後に、外部の個人やグループの感情への対処法を検討する。

個々のメンバーの感情に対処する

CASE❶

顧客サービス部長のジル・キャスパーは、顧客サービス全体を総合的に改善するために新設された部門横断チームのメンバーに選ばれた。この分野にかけて、彼女は豊富な経験を持っており、またその仕事に情熱を注いでいるため、この人選は順当なものと思われた。

ところが実際は、「彼女の態度は悪い」「ほとんど会議に貢献していない」とチームメイトは感じることになる。スタート当初のブレインストーミングでは、ジルは腕を組んで座り、黙ったままだった。時折、「あきれるわ」とでも言うかのように目を天井に向ける。

あるアイデアをめぐってチームの議論が盛り上がり始めると、そのたびに、過去にそれと似たアイデアが出されたことがあり、いかに失敗に終わったかを微に入り細をうがち説明するという有り様だ。チームは混乱した。「この人が、常々話に聞いていた、顧客サービス部門を率いる花形部長なのか――」

実は、彼女にすれば、このようなチームが結成されたこと自体に屈辱感を覚えていたのだった。しかし、それに気づく者はほとんどいなかった。彼女は、自分の仕事が合格点に至っていなかったことを、暗に指摘されているように感じていたのである。

あるメンバーの感情と他のメンバーの感情が合わない場合、グループはその個人の目線に立って、「波長の食い違い」に対処しなければならない。

まず、問題の存在に気づく必要がある。相互理解を奨励する規範が浸透していれば、「ジルがこのような態度に訴えるのは自己弁護からだ」と気づくのは容易なはずだ。

また、チームが望むのは、ジルの功績のさらなる発展であって否定ではない、と彼女に理解してもらいたいのであれば、彼女の態度の背景に何があるのかに気づく必要がある。

このような行動が自然に発生しているグループもある。研究対象になったヒューレット・パッカードのあるチームは、メンバーが各自担当する作業を互いに教え合おうとしていた。万が一の時、他のメンバーの作業――それがどのような類のものであろうと――を代行できるようになるのが目的だ。そうなれば、最も人手を要する課題に、人員を適切に割り当てられる。

ところが、新しいスキルや作業を学ぶことを苦痛に感じるメンバーもいた。自分の担当業務ではトップの成績をずっと続けていた人にすれば、別の作業を完全にこなす術がわからないことがしゃくに障ったのである。幸いなことに、チームメイトが彼の悩みに気がついた。そして迷惑がるどころか、何倍もの努力で彼をサポートした。

このチームでは、長い時間をかけて「メンバー同士の相互理解を重視する」という行動規範が確立されており、これが功を奏した。互いの感情や懸念に耳を傾け、理解しようと努力すれば、メンバーの士気が高まり、惜しみなく協力する気持ちが強まるという認識から、その規範は生まれたのだった。

メンバー一人ひとりの視点から物事を考えようと努めることで、チームのEIを高めたチームもかなりある。たとえば、四人のグループが結論を出さなければならない状況があるとしよう。三人がある方向を支持し、残る一人は別方向を主張している。このような状況に置かれたグループの多くは、便宜的に多数決で決定しようとする。

これに対して、EIの高いグループの場合、まず反対意見をじっくり聞く。また、意見が一致したように見えても、全員がその決定を全面的に支持しているかどうかを確認する。「言い残されている点や、検討が不十分な問題はありませんか」という問いかけを行えば、事足りる。

「パースペクティブ・テイキング」（他者の視点から物事を見ること）は、チームワークの専門家がしばしば話題にするグループ行動だが、それによる感情面への影響は検討されていない。多くのグループはパースペクティブ・テイキングのテクニックを使って決断を下したり、問題を解決したりするよう訓練される（一般的に使われるツールとして親和図：affinity diagramming がある）。しかし、このような手法を用いたからといって、チームのEIが高まるかどうかは定かではない。

このような手法の多くは、機械的にさまざまな視点の意見を集め、これらを集約することによって、プロセスから意図的に感情を排除する点に問題がある。パースペクティブ・テイキングをより効果的に実践する方法は、メンバーが互いの視点を理解しようと懸命に努力する姿を、各人が確実に目の当たりにすることである。この方法により、メンバーの間に信頼関係が築かれ、参加意識を高めやすくなる。

コンサルティング会社のヘイ・グループでは、シニアマネジャーチームが、ここで説明したようなパースペクティブ・テイキングに腰を据えて取り組んでいる。彼らは、別のメンバーの視点に立ちながら、その意見や対話スタイルを取り入れて討議するロールプレイングを行っている。

また、「ストーリーボード」の手法も活用している。これは、各人が自分のアイデアを表現した小さなポスターをつくるというものである。

これらの方法がグループ内に信頼感を醸成し、参加意識を高めるのに役立ってきたことは、メンバーたちに聞けば明らかである。

各メンバーの感情を制御する

相互理解とパースペクティブ・テイキングは、グループがメンバーの視点や感情に対する意識を高めるための二つの方法である。

同様に重要なのは、感情や気分を自覚することが、それを制御する能力につながるということである。それは、感情の表現方法や感じ方自体にも前向きな影響を与える。なお、ここで述べているのは、「グループ順応思考」(グループの価値観や倫理に順応する思考態度)を押し付けることや、それ以外の方法による人心操作ではない。

グループが目指すべきは、グループとしてのまとまりとメンバーの個性との間のバランスを図ることである。個人の感情は周囲の人々に刺激されることを、我々は疑いなく認識している。最初は狼狽するようなことでも、同僚に取り成されれば、それほど悪くないと思えるだろうし、逆に焚き付けられれば、実際より数倍も悪いことのように感じられる。

メンバーの感情を最も建設的に制御するには、対極的な二つのスタイルによって規範を設定するのが賢明である。つまり「対峙する」ことと、「親身になる」ことである。

ＥＩが高いグループに、対峙型の行動や態度を勧めるのは理にかなっていないように思われるかもしれない。しかし、そうではない。メンバーが節度のない振る舞いを見せた場合、毅然とした態度で「それは間違っている」と必ず指摘しなければならないのだ。

あるメーカーのチームから、こんな話を聞いた。メンバーのある女性が自分の身勝手さから休憩時間が終了してもオフィスに戻らなかった。ほどなくしてチームメイトの一人が休憩室に飛び込み、「ここで何をしているの。早く職場に戻りなさい。チームはあなたを必要としているんだから」と詰め寄った。守らなければならない一線を踏み越えたため、それを非難したのである。しこりは残らなかった。チームが自分の貢献を評価していると、彼女が悟ったからである。

けじめのない行動を指摘する時は、ちょっとしたユーモアが役に立つ。いつも会議に遅刻してくる者をからかえば、時間厳守がどれほど重要であるかを全員に気づかせることができる。正しい方法で対峙すれば、問題のあるメンバーも前向きに理解する。それは、「チームに留まってほしい。あなたの力を必要としている」と伝える方法にほかならない。

グループが一丸となって長期的な課題に取り組む時には、ことさら重要である。対峙することを避けると、作業の流れを断ち切るような行為がたびたび発生し、グループ内の信頼感が損なわれかねない。

一方、親身型の行動や態度を育む規範を設けるのは、それほど難しいことではない。これは、日常的にちょっとしたことにも目を向けられるかどうかにかかっている。

たとえば、あるメンバーが憤っている時に、他のメンバーがそれに気づくだけで、状況がたちまち変わることがある。このようなケースを、ある会議で目撃した。メンバーの一人が、不機嫌な様子で部屋に入ってきた。会議の開催場所も開始時間も、彼にとっては非常に不都合だったからだ。しかし、別のメンバーが、彼がこの会議に出席するためにどれほど犠牲を払ったかをチームに告げ、それを感謝すると、彼の態度は一変した。

このように、サポートや確認、同情といった行為を通じて、メンバーを肯定的に理解し、感謝し、尊重する姿勢を示すことが、親身型の典型的なアプローチである。

相互理解、パースペクティブ・テイキング、対峙型、親身型――これらの行動規範からメンバー間の信頼関係とグループへの帰属意識が生まれる。これが自然には生まれてこないグループでも、これらすべてを得ることは可能である。

「そこまでする価値はあるのか」「何人かのやっかいなメンバーに対処する行動規範を設定するのに、わざわざマネジャーの時間を費やす意味があるのか」と疑問を感じる向きもあろう。答えは、もちろん「イエス」である。

グループは、まさに組織の礎である。相互信頼や目標達成という共通の決意がなければ、グループは効果的に機能しないのだ。

グループに対する感情に対処する

CASE❷

クリスは、自分で自分の言葉を聞きながら、信じられない思いがした。彼はみずから転属を懇願していたからだ。

彼が属するチームは、予算をクリアし、納期もすべて守り、優れた仕事ぶり――常に余裕しゃくしゃくというわけではなかったが――を見せていた。チームリーダーのスタン・エバンスは昇進したばかりである。それなのに、このチームの一員であることに、なぜこんなに気が滅入るのだろうか。

前回、主要な会議で進捗状況を報告した時には、シャンパンで乾杯してよいほどの好業績だった。それほど達成度が高かったのだ。ところが、予期せぬ問題で後戻りさせられ、全員がすっかり落胆してしまった。後になって大した問題ではないことが判明したが、このチームではどんなことが起きても不平不満のタネとなるようだ。

スタンの昇進さえ否定的に見られている。「なるほど、経営陣は我々をもっと目の届くところに置いて監視したい、というわけか」「スタンの新しいボスは、このプロジェクトに賛成していないそうだぜ」

といった具合だ。

クリスには別のチームに属する友だちがいた。彼はクリスに、「喜んで自分のチームに推薦するよ」と言ってくれた。その業務は元来あまり面白そうなものではなかったが、それが何だっていうんだ。少なくとも彼らは楽しそうにしているじゃないか。


グループの感情に無関心ゆえに、苦戦を強いられるグループもある。たとえば、クリスのチームは自分たちがどれほど多くのことを達成したのかを認識できていない。「不平不満症候群」にかかってしまったことにも気づいていない。

我々が優れたチームを研究した結果、グループとしての自己認識――感情的な状況、強みと弱み、さまざまな対人関係、および業務プロセスに関する認識――を行動規範に設定することは、グループ能力を高めるうえで、チームのEIには欠かせない要素であることを発見した。

自己評価や他者からのフィードバックを積極的に求めることで、グループは正しい自己認識に至る。自己評価は正式なイベントとしても、定期的な活動としても実践可能である。

塗料メーカーのシャーウィン・ウィリアムズでは、マネジャーのチームが新規プロジェクトに着手しようとしていた。このチームは、グループ全体の水準を高める必要に迫られていた。そこで、コンサルタントを一人採用することにしたが、彼が加わる前に、グループの強みと弱みを評価するために会議を開いた。

その結果判明したことは、単に自分たちが「これは取り組むべき課題である」と感じていることをはっきりと口にするだけでも、グループとしてのケイパビリティ（実行能力）を築くうえで重要な一歩を踏み出したことになる、ということだった。

これよりもはるかに非公式な方法の例として、米国復員軍人保険局付属のリーダーシップ・アンド・ディベロップメント・センターを紹介しよう。

そこのマネジャーたちは、チームが生産的でないと感じた時、それをはっきりと指摘する、という規範を打ち立てていた。

昼食後、メンバーの気が緩んでいる時など、誰かが「ちょっとみんな、何てさえない顔をしているんだ」と声にする。すると、全員がハッとして、集中し直そうと努力するという。

ＥＩが高いグループには、競走馬がつけるようなブリンカー（側面目隠し）は不要だ。感情のキャパシティが高いので、知らなければよかったと思うような情報でもしっかり受け止め、業務プロセスや仕事ぶりに対する外部意見を積極的に求めることができるからだ。

このようなフィードバックが顧客から直接上がってくるグループもあれば、同僚やサプライヤー、あるいは同業他社からもフィードバックを求めるグループもある。

我々が研究対象としたデザイナーのチームでは、進行中の作品を定期的にオフィスのあちこちに貼り付け、コメントや意見を求めている。また、広告代理店の多くが、年一度の業界団体主催の作品コンクールを、自社の制作チームへのフィードバックを得る機会として重要視している。

グループの感情を制御する

多くのグループは、チームスピリッツを育もうと意識的に努めている。たとえば、野外活動という方法がある。純粋にみんなで楽しむ遠足にせよ、アウトワード・バウンド(自己発見を求めて行うロッククライミングや登山、沢登りなどの野外活動)式に体力の限界にチャレンジするものにせよ、この種の野外活動は、全員が揃って熱中する感覚を養うためにしばしば使われる方法である。

ここでは、グループとそのリーダーが、自分たちはグループ全体の姿勢を改善できること——すなわち、グループの感情を制御できるという事実——を認識する。このような活動は、グループの業務内容と直接関連してはいないが、その成果は極めて大きい。

グループの感情キャパシティが高まり、その結果、感情面における課題や難題に対応する能力も拡大したという認識を得て、メンバーたちはいつもの仕事に戻っていく。

我々が研究した中で、最も効果を上げているチームでは、時折実施する厳しい野外訓練よりも、はるかに有効な方法でチームスピリッツを養っている。彼らはEIを高めるような規範を打ち立て、日々直面する感情面における課題や難題に効果的に対応している。彼らが好む規範は、①感情にまつわる問題に対処するための経営資源を創造する、②肯定的な環境を醸成する、③能動的な問題解決(問題を予期し、事前に対処するようなアプローチ）を奨励する――の三つである。

❶感情にまつわる問題に対処するための経営資源を創造する

グループには、メンバー全員がグループの感情に対処するために活用できる経営資源が必要である。その一つに、共通のボキャブラリーがある。

例を挙げて説明しよう。復員軍人保険局のあるチームのメンバーが、別のメンバーの機嫌が悪いのに気づき、「今日は『クランキー』（ご機嫌ななめ）だね」と言った。このクランキーという言葉が定着して、あるメンバーの後ろ向きな態度がグループ全体に悪い影響を与えているのをやんわりと知らせる方法となった。

欲求不満の解消法も、そのような経営資源の一つである。我々がインタビューしたシニアマネジャーのチームリーダーは、「嘆きの壁」（wailing wall）と称する独特の習慣を説明してくれた。このチームは特別に時間を設けて、失敗や後退について数分ほど愚痴をこぼし、泣き言を言う。彼によれば、このように否定的な感情をあえて認め、発散させることにより、その状況下で自己制御できる部分へと注意力を再び集中させ、エネルギーを前向きな方向に転換できるということだ。

しかし、言葉のやり取りだけのガス抜きでは不十分な場合もある。緊張感漂う職場におもちゃのピストルなどを配備し、オフィス内での戦場ゲームに興じさせることでガス抜きしている企業は、我々が知るだけでも二、三社に留まらない。

❷肯定的な環境を醸成する

グループの感情を制御して、感情キャパシティを高める方法の中で最も代表的なのは、肯定的な環境を整えることである。難題に突き当たった時、「キャン・ドゥー」(やればできる)という姿勢で取り組むグループは、誰もが高く評価する。その際重要になるのは、正しい規範を確立しているか否かである。その規範とは、楽観的な姿勢、前向きなイメージと解釈を志向し、否定的なものを嫌うといったものだ。このような規範がチーム内に自然と備わっているとは限らない。

我々がインタビューしたヘイ・グループのシニアマネジャーの一人も、この点について承知していた。外部環境の影響によりメンバー間の雰囲気に悪循環が生まれた時、彼はチームの雰囲気を変えることを買って出る。文句を言ったり、誰かを非難したりする側に加わりたくなる誘惑に抗い、その代わりに建設的な姿勢で、悪循環を好循環に変えようと努力するのである。

❸能動的な問題解決を奨励する

グループの感情に対処できるようにEIを高める最も強力な規範は、能動的な問題解決を重視することである。我々は、AMPの製造担当チームの研究で、この点について数多く学んだ。

目標を達成するためにこのチームが必要としたほとんどが、厳密な意味で、チームの管轄外のことだった。しかし彼らは、手をこまねいて誰かを非難する代わりに、必要なものを他者から提供してもらえるよう懸命に努力した。問題をみずからの手で解決しようとしたこともある。

このケースでは、機械の調整が原因で、欠陥商品が発生した。チームは検討を重ね、問題を解決する可能性がある部品を独自に設計し、エンジニアリンググループに提案した。彼らが考案した部品はみごとに機能し、欠陥商品の数は大幅に減少した。このような能動的な問題解決が重要視されるのは、いくつか理由がある。

まず、明らかに収益性を損なう原因となっている障害を取り除くことで企業に貢献するということだ。しかし、我々の研究に照らす限り、これはグループの感情をしっかり制御できているチームについて表現するものである。AMPのチームの場合、無力感に陥ることを拒否し、みずから進んで主導権を握ろうという理由からだった。

外部の個人・グループの感情に対処する

CASE❸

ジムはため息をついた。

「ウイルスチームがまたやってくれたよ。奴は再び記録的な生産性を達成して、これ見よがしに成果を祝っている。でも一方で、他部門にしわ寄せが及んでいることに気がつかないのだろうか。自分たちは賢いと思ってるんだろうが。今回はある部品について三カ月分の製造を決めやがった。設備の切り替えがないので、機械のダウンタイム（休止時間）はゼロ、単位当たりコストは記録的に下がるとさ。ところが現在、製造過程の下流チームでは不要な在庫があふれ返り、別の部品が不足するんじゃないかと心配しているというのに――」

ジムはこれ以上黙っていられないと、奮起して、ウイルスチームの部屋を訪れた。彼らはジムの批判を、善意とは受け取らなかった。自分たちには落ち度はこれっぽっちもなく、ジムを単に「当てつけがましい奴」と考えているようだった。

「それにつけても、ウイルスっていう名前はいったい何なんだ。内輪のジョークか何かか」とジムは想像した。「誰にも感染しないのは、何とも皮肉なことじゃないか」

最後は、グループ外部の個人・グループに対するＥＩである。個人が自己と他者の感情とを意識すべきなのと同様に、グループは内部の感情と外部の感情の両方に目を向けなければならない。

ウイルスチームのケースでは、このグループは排他的な派閥のように振る舞っている。チーム内の感情面では強い絆で結ばれているのに、社内のキーパーソンや他のグループの感情やニーズ、懸念については無視している。社内の感情や気分をメンバーに認識させるうえで、特に役立つ規範を設定しているグループもある。メンバーを、重要な部門との連絡役として行動させることが、その一つである。

多くのグループは、組織のさまざまな部門からメンバーを集めて構成されている。このため、グループ内外の立場から物事を眺める力が自然に備わっている。とはいえ、このような現状以上に積極的な働きかけが必要なケースもある。

我々が研究したあるチームは、労働組合の視点を理解することが重要であると考えた。それには、組合員の一人をメンバーに加える必要があった。このため、人事部から派遣されているメンバーに命じて、組合員をメンバーに任命させるためのルートを探り出させた。

グループの担当業務が社内の他者にも大きな影響を与えるような場合、はた目の立場に立って冷静に物事を見る姿勢は、ことさら重要である。たとえば、全社員のニーズを満たすイントラネットの設計を依頼されたケースがこれに相当する。

我々は、自分たちが考え出した解決策に自己陶酔していたものの、社内のほかのグループから冷水を浴びせられ、我に返ったという状況を多数目撃してきた。研究した中で、とりわけＥＩが高いチームのいくつかを見ると、社内の他部門や個人の感情を常時、的確に感知・認識している。さらに、自分たちのニーズや成果をどのように表現し、伝えるかに際しても、そのような認識を反映させている。

化学薬品の加工会社コサでは、あるチームが新しい機械が必要だと感じていた。一方、上層部はそれが優先度の高いものかどうか決めかねていた。意思決定者たちが依然として様子見であるのに気づき、このチームは、新しい機械を導入すれば、社員の安全性が高まることを強調することにした。それは、その機械のメリットの一つにすぎなかったが、経営者にすれば極めて重要な問題だった。

上層部たちも臨席する会議で、工場の安全性が話し合われた。ここで、自分たちが求めている装置を導入すれば、作業者が労災を被るリスクはいっきょに減少する、とチームは力説した。数週間後、彼らはめでたく望みのものを手に入れることに成功した。

別のグループの感情やニーズを意識することが、ことのほか重要となる場合がある。あるＩＴ関連企業を研究した際、そこではハードウェアのエンジニアとソフトウェアのエンジニアは、同じ目標を目指しながらも、別々に作業を進めていた。その目標とは、処理スピードを高め、故障を減らすことだった。各チームが単独でできることには、おのずと限界があった。

ハードウェアチームのリーダーが出向いて話し合いを持ち、ソフトウェアのメンバーとの関係をスムーズなものへと導いていった。両チームが協力し始めると、いずれもその目標を二〇～四〇％も上回る実績を実現した。

他のグループのニーズや感情を認識するように促す規範を設定すれば、好業績が生まれやすくなる。ＡＭＰのある部門を例に挙げよう。同社では、各生産チームは製造プロセスの一ステップを担当しているが、商品を期限通り完成させるには互いの協力が不可欠だった。

チームリーダーたちは午前中に打ち合わせを行い、各チームのニーズ、必要な労働力、およびスケジュールを把握する。あるチームが予定以上に進行し、あるチームは遅れているようであれば、人員の配置を見直す。その際、先行しているチームのメンバーが遅れているチームを助け、その状況を理解して人間関係を強めるという友好的な方法で、これを実施している。

我々が紹介してきたチームの多くは、他者のニーズや立場を意識しているだけでなく、そこに影響を与えるよう行動している。この能力は外部の人間や他のグループの感情を制御するもので、個人のＥＩ

にも欠かせない「社会的スキル」のグループ版である。

これには、各国を代表する外交大使のように対外的な人間関係を築くこと、および他者からの信頼を得ることも含まれる。

コサで我々が観察した製造チームは、メンテナンスチームへの対応に極めて高い社会的スキルを発揮してみせた。同チームは、工場で問題が発生した時、メンテナンスチームが山ほどの日常業務を抱えていることに気がついた。「どれも等しく重要であるにしても、どうすれば自分たち製造チームの優先順位が高いと考えてもらえるだろうか」と。

製造チームは、良好な人間関係が重要な要素であることを十分承知しており、メンテナンスチームのメンバーとの間でも、これを構築しようと努めた。ある時、製造チームはメンテナンスチームを「今四半期のトップチーム」賞に推薦することで、評価の意を示した。応援の手紙を出したり、舞台裏で彼らをほめ称えたりしたことが功を奏し、最終的にメンテナンスチームがみごとこの賞を勝ち取った。

この関係のおかげで、製造チームは工場内で最も生産性の高いチームの一つになった。

IDEO：チームEIのベストプラクティス

以上、重要な三つの分野——メンバー、グループそれ自体、外部の個人やグループ——で、グループが感情を効果的に制御することを学ぶ必要性を述べてきた。これと同時に探究してきた行動規範の多くが、生産的かつ知性的に感情に対処するのに役に立つものだ。ＥＩの高いメンバーで構成されたグループは、しばしばこのような規範を実践している。

しかし、我々がまとめた規範のすべてを、無意識に採用しているケースはほとんどない。言い換えれば、これは、ＥＩを高めるモデルとして意識的に採用すれば、企業内のどのようなグループにも役立つといえる。ＥＩが高いチームの究極的なイメージとはどのようなものだろうか。その理想に最も近いのは、ＩＤＥＯのチームである。

同社はインダストリアルデザインの世界では有名であり、制作チームはアップルの最初のマウス、クレストの歯磨きのチューブ、パームＶのＰＤＡ（携帯情報端末）などの名立たる商品のデザインを担当してきた。その作品は、デザインや機能面でコンクールの賞を多数獲得している。しかも、他社に制作面における問題解決手法について教えるという分野にまで進出している。

ＩＤＥＯはその業務の性質上、チームのＥＩが高いグループの存在が不可欠である。限られた期限と予算というプレッシャーと戦いながら、人間のニーズと技術上の実現性とのバランスを図りつつ、革新的かつ美的にも優れたデザインを提出しなければならない。

素晴らしいデザインは、グループ間のさまざまな摩擦をくぐり抜けてこそ誕生するもので、優秀な一個人による単独の努力の成果ではない、というのがＩＤＥＯに深く刻まれた哲学なのである。

このため、チームメンバーは互いに呼吸を合わせるよう努めなければならない。同社のチームについて研究すると、我々が指摘した三分野のすべてにおいて、ＥＩを高いレベルで維持する規範が存在していることがわかった。

第一に、メンバー一人ひとりの感情を特に意識しており、その制御にも長けている。たとえば、同社のあるデザイナーが欲求不満に陥った時のことである。その原因は、マーケティング部門の部員が作品にロゴをあしらうように主張したことにあった。デザイナーは、ロゴを入れると、せっかくの作品が視覚的に台無しになると感じていた。

その商品に関する会議で、プロジェクトリーダーは何かおかしいことに気がついた。そのデザイナーはみんなから離れてポツンと一人座っており、場は気まずい空気が漂っていた。プロジェクトリーダーは状況について調べた後、話し合いの口火を切り、解決策を導いた。

ＩＤＥＯのチームメンバーたちは、規範に従わなかった場合、互いに対峙し合う。これはブレインストーミングによく見られる光景である。この場合のルールは、他人と異なる判断を下すこと、アイデアを潰すのは避けることの二つである。誰かがこの規範を破ると、チームは冗談めかしてはいるが、少々手荒な方法（発泡スチロール製のおもちゃで叩かれることを想像すればよい）で、その人間をとっちめる。

また、誰かがチームの調和を乱した時には、ただちに毅然とした態度で指摘するという規範もある。ただし、顧客が同席している場合には、対峙する方法はもっと穏やか──机の下で足でも蹴るのだろう──である。

ＩＤＥＯの場合、チームに対する意識や制御においてもＥＩが高い。その認識を高い水準に保つため、チームは定期的に社内外からのフィードバックを求める。重要なことは、顧客と非常に緊密な関係を大切にしていることである。もしデザインが顧客の期待にそぐわないものであれば、チームは即座に改良するための措置を講じる。

また、グループの感情を制御するために、しばしばストレスを発散させる場所を提供している。IDEOは遊ぶことと、人生を楽しむことの重要性を信奉する企業なのだ。数百個のフィンガーブラスター（指にゴムを引っかけて飛ばす柔らかい弾丸状のおもちゃ）がオフィスのあちこちに置かれていて、社員たちはイライラした時、それを手にして撃ち合いを始める。

感情の発露を歓迎するという風土があるので、誰かが――幸せなあまりか、怒りからか――突然立ち上がって叫び出すという光景も珍しくはない。

また、息抜きが必要な時にも働ける「楽しいオフィスづくりプロジェクト」（fun office project）も立ち上げた。これは、同社の休業日を知らせるカードをデザインしたり、来客用に社内の「観光名所」の標識をデザインしたりするプロジェクトである。

最後に、IDEOには社外の人たちのニーズや懸念を意識するという規範がある。これをもとに個人やグループとの関係を築くのである。

同社のオフィスには、奇妙な模型――おもちゃのトラックが展示されている。ボタンを押すと、荷台からバネでプラスチックの部品が飛び出す仕掛けになっている。実はこの模型は、ある事件を忘れないためのシンボルである。

その事件は、同社にさまざまな教訓を残している。事件の中心は、あるデザインチームである。彼らは、ある商品に使用するプラスチック製の複雑な囲いをつくるために三週間働き通しだった。顧客への提出期限である前週の木曜日、エンジニアが彩色するため、あるところに運搬する途中、そのプラスチック製の囲いは不運にも時速七〇マイルで走っていた小型トラックの荷台から滑り落ち、道路の上で木っ端微塵となってしまった。

チームは、週末を返上してもう一度つくり直すことをいとわなかったが、社外の材料会社の助けなしには完成できなかった。彼らは、長年にわたってその材料会社と良好な関係を築いていたため、そこの社員たちは、義理の範囲をはるかに超えた協力を惜しまなかった。

この模型にちょっとしたユーモアが感じられるのは、チームメイトがそのエンジニアに「すべてを許すよ」という気持ちを示したところにある。同時に、組織全体には、常日頃から良好な人間関係を築いていれば、危機に瀕した時もその助けが得られ、何とかうまく切り抜けられる、ということを思い出させるものである。

チームEIを強化するための方法

すべての企業がIDEOのように、グループとそのチームのEIを重視しているというわけではない。しかし、かつてないほどに企業活動はグループ単位で展開されつつある。以前は意思決定や作業は個人に依存していたが、いまやグループである。

そのために必要なものは何でも——最も優秀かつ職務に適した人材、経営資源、明確なミッション——揃えることが可能である。しかし不運なことに、これらだけでは失敗する。チームのEIを欠いていては元も子もないのである。

信頼感や帰属意識、およびその効力の認識を育む規範を確立することこそ、グループワークを成功させるカギである。これこそ、極めて高いスキルを備え、優秀な人材を集めたチームに、その持てる力を存分に発揮させるものである。そして、深刻な難題を抱えたチームを望外の勝利へと導く。

では、本稿で紹介したような強力な規範はどこから生まれるのだろうか。我々の研究からは、基本的には次に掲げる五つのいずれかからであることが判明した（**図表6-2**「チームのＥＩの規範を築く」を参照）。

❶公式なチームリーダー
❷非公式ながら実質的にチームのリーダー役となっている者
❸勇気あるチームメンバー
❹トレーニング
❺企業文化や組織風土

ヘイ・グループのあるチームは、リーダーの意図的な行動がきっかけとなり、グループの効果性を高めるには、感情を意識・対処することが重要であることを理解し始めた。

このメンバーはいずれもマネジャークラスだったが、それまでのキャリアはさまざまだった。このためリーダーは、全員が対人関係の重要性を深く理解しているという前提で勝手に考えてはいけないと思

グループ

グループの自己評価

❶チームの有効性を検証するための時間を設ける。
❷課題の評価項目とプロセスの目標を設定し、評価する。
❸グループの雰囲気を認識し、それについて話し合う。
❹チーム内に漂う雰囲気を、自分がどのように感じているのかを伝える。
❺メンバーに「プロセスチェック」をさせる（たとえば、「プロセスチェックをします。これが現在我々の時間を最も有効に活用する方法なのでしょうか」と問う）。

フィードバックを求める

❶「顧客」に、自分たちの仕事ぶりをどのように思うのかを尋ねる。
❷作品や作業内容を展示し、コメントや意見を求める。
❸プロセスについて、ベンチマーキングして評価する。

感情に対処するための「経営資源」を創造する

❶別途時間を設けて、困難な問題を話し合い、それに絡まる感情に対処する。
❷グループ内の感情を認識し表現するために、創造的かつスピーディ、しかも簡単な方法を探り出す。
❸楽しみながら、ストレスと緊張感を認識し、解消する方法を生み出す。
❹メンバーの感情を受け入れたことを伝える。

肯定を是とする環境を整える

❶「自分たちは難題であろうと解決できる」と力説する。楽観的になる。たとえば、「大丈夫、乗り越えられるさ」「達成は確実だね」と勇気付ける。
❷セルフコントロールすることに集中する。
❸メンバーに、重要かつ肯定的なグループのミッションを思い出させる。
❹グループに、過去に同様な問題をどのように解決したのかを思い出させる。
❺誰かを非難するのではなく、問題解決に焦点を当てる。

能動的に問題解決に当たる

❶問題を予期し、事前に対処する。
❷効果を生み出すには何が必要なのか、みずから進んで理解し、それを手に入れる。
❸他者が反応しないならば、みずから率先して解決に当たる。他者ではなく、自分を頼る。

（p.172に続く）

図表**6-2**｜**チームEIの規範を築く**

個人

感情を意識させる規範

相互理解

❶作業時間とは別の時間を設けて、相互に理解し合う。
❷会議の冒頭で、全員に「元気かい」「今日はどんな調子か」などと尋ねる。
❸好ましくない行為の背景には、何か原因があるものだ。その理由が何かを探り出す。質問を投げ掛け、その答えに耳を傾ける。否定的な勘ぐりは避ける。
❹メンバーに対して、自分が何を考えており、どのように感じているのかを話す。

パースペクティブ・テイキング

❶全員に対して、結論と同意見かどうかを尋ねる。
❷発言しないメンバーに、「あなたはどのように思うか」と質問する。
❸あまりに早急に出された決定には、疑問を抱く。
❹誰かを指名し、あえて異を唱える役を演じさせる。

感情を制御させる規範

対峙するための規範

❶原則を設け、これを逸脱した行動を指摘する。
❷なぜ、このような行動を取ったのか、その説明を求める。
❸ユーモアあふれた方法で、このような行動を指摘する。これはグループ内から自然と湧き出ることがよくある。それに肉付けを図る。

親身になるための規範

❶メンバーをサポートする。必要とあらば、手助けを申し出る。また柔軟に精神的サポートを提供する。
❷メンバーの貢献を認める。メンバーに彼らが貴重な存在であることを伝える。
❸メンバーを攻撃から守る。
❹バランス感覚を持って、個性とパースペクティブの違いを尊重する。よく話を聞く。
❺軽蔑的であったり、メンバーをおとしめたりする態度を取らない。

（p.170から続く）

グループ外

感情を意識させる規範

組織の理解

❶社内の他者や他グループから、懸念やニーズを探り出す。
❷グループの目標達成に影響を及ぼすのは誰かを考える。
❸社内の文化や風土、および社内政治について話し合う。
❹チームが提案している行動は、企業文化や社内政治と調和するものかどうかを尋ねる。

感情を制御させる規範

対外的な関係を築く

❶ネットワークを広げ、他のグループと対話する機会を設ける。
❷他のグループのニーズを尋ねる。
❸他のグループをサポートする。グループの活動と利害関係にある第三者や他グループが存在するならば、これらを会議に招く。

チームEIを高めることは、ちょっとした行為で大きな改善を導くことと同意である。

それは、期限を守るためにメンバーが夜を徹して働くことを意味しているわけではない。徹夜したメンバーに「ありがとう」と言うことである。

また、あるアイデアを深く掘り下げて話し合うことでもない。発言しないでいるメンバーに「どう思う」と尋ねることである。

それは、調和でも、緊張感の欠如でも、メンバー全員がお互いを好きになることでもない。その調和が偽りのものである時、あるいは緊張感が覆い隠されている時、それを見抜くことであり、他者に尊敬の念を持って接することである。表は、EIを高める規範を確立するためにグループで取り組むべき、ちょっとした行為についてまとめたものである。

い至った。

彼はこの規範を定着させるために、新しい習慣を導入した。たとえば、机なしで会議を行う、グループは小人数とする、メンバーの学習スタイルの記録表を作成するなどである。

ここまで干渉できるのは、おそらく公式なチームリーダーだけだろう。非公式ながらもリーダー的存在の者や他のメンバーの場合、同じように影響力にあふれていようとも、通常これよりもっとさりげない方法を採る。

グループが重要な視点や感情を無視している状況があるとしよう。誰でもそれをはっきり指摘したり、肯定的な環境を整えるために可能な範囲内で行動したりするだけでも、規範を広めることができる。

トレーニングも感情を意識し、それをどのように制御するかを学ぶうえで効果的である。

現在、多くの企業がリーダーシップ育成コース、交渉やコミュニケーションのワークショップ、およびストレス管理法といった具合に、従業員の能力育成プログラムでは感情的な問題に焦点が当てられている。このようなプログラムをきっかけに、ＥＩを高める規範を確立することの重要性をグループに気づかせることが可能である。

信頼感から生まれるコラボレーション

最後に、おそらく何よりもグループに影響を与えるのは、社員の感情を認識し、肯定する企業文化や組織風土である。これは、明らかにＩＤＥＯの例が該当する。ニューエコノミーで飛躍的な成長を遂げている企業にもよく見られる。

残念ながら、このような企業文化や組織風土がない企業の場合、これを実践しようにも並大抵のことではない。「社内では自分の感情を押し殺すものだ」という雰囲気が長く続いてきた企業では、各グループにこのような変化が起こるにしても、相当ゆっくりとしたものだろう。

本研究のきっかけは、単純だが厳然たる事実にあった。すなわち、チームワークの時代にあって、何がグループをうまく機能させるのかを把握することが必要不可欠である、という事実である。

我々は研究から、ちょうど個人の場合と同じように、最も効果的なグループはそのＥＩが高いということだけでなく、どのようなグループでもＥＩを向上させられることを知った。

本稿では、組織を前向きな姿勢に変化させるためのＥＩモデルを示し、ＥＩを高めるためにグループが設定できる規範についても触れてみた。

どのようなグループも何らかの規範に従って動くものだ。あらゆるレベルにおいて自他の感情を意識し、これらを制御するための規範を設定することで、グループ内の信頼感、帰属意識および効力を生み出す確固たる土台が築かれる。ここから、真の協力、真のコラボレーション――ひいては業績の向上――が実現するはずである。

第7章

多国籍チームのマネジメント

ノースウェスタン大学 ケロッグスクール・オブ・マネジメント 教授
ジーン・ブレット
バージニア大学 ダーデンスクール・オブ・ビジネス 准教授
クリスティン・ベーファー
ニューヨーク市立大学バルーク校 ジクリンスクール・オブ・ビジネス 准教授
メアリー C. カーン

"Managing Multicultural Teams"
Harvard Business Review, November 2006.
邦訳「多国籍チームのマネジメント」
『DIAMONDハーバード・ビジネス・レビュー』2007年5月号

ジーン・ブレット
(Jeanne Brett)
ノースウェスタン大学ケロッグスクール・オブ・マネジメントのドゥウィット W. ブキャナン, Jr. 記念講座教授。専門は紛争解決と組織論である。著書に *Negotiating Globally: How to Negotiate Deals, Resolve Disputes, and Make Decisions Across Cultural Boundaries*, Jossey-Bass, 2001.（邦訳『交渉力のプロフェッショナル』ダイヤモンド社、2003年）などがある。

クリスティン・ベーファー
(Kristin Behfar)
バージニア大学ダーデンスクール・オブ・ビジネスの准教授。共著として、*Conflict in Organizational Groups: New Directions in Theory and Practice*, Northwestern University Press, 2007.（未訳）がある。

メアリー C. カーン
(Mary C. Kern)
ニューヨーク市立大学バルーク校ジクリンスクール・オブ・ビジネスの准教授。

多国籍チームで生じる衝突

ある国際的なソフトウェア企業で、新製品に関するプロジェクトが立ち上げられた。新製品の生産を一刻も早く推し進めなければならなかった。プロジェクトを率いるマネジャーは、インド人と米国人の社員を集めてプロジェクトチームをつくった。

当初からチーム内では、納期をめぐって意見が割れていた。米国人は二、三週間あれば十分だと言った。しかしインド人は、二、三カ月はかかると反論した。プロジェクトが進むにつれて、インド人スタッフは、製造プロセスに遅れが生じても報告しなくなった。おかげで米国人スタッフは、自分たちに仕事が引き継がれるはずの時期になって、初めて遅れていることを知った。

どのようなチームでも、この手の衝突は起こりうる。しかしこのケースの場合、メンバー間における文化的相違がその原因になっていた。両者の間で摩擦が強まるにつれて、納期や報告の有無をめぐる対立が感情的なものへと発展し、日常的なコミュニケーションまでもがうまくいかなくなってしまった。

とうとうマネジャーが乗り出し、両者の仲を取り持とうとした。すると今度は、米国人もインド人も、普通ならば自分たちで判断している細かな日常業務についても、いちいちマネジャーの指示を仰ぐようになった。おかげで、マネジャーは雑事に忙殺されるはめになった。

このプロジェクトでは、そもそも遅れることを織り込んだスケジュールを組んでいたが、それよりもさらに遅れ、ついには取り返しがつかなくなってしまった。プロジェクトチーム自体も、協力し合いながら仕事を進めていく方法を学習することもなかった。

国籍や文化の異なる社員で構成される「多国籍チーム」には、やっかいな問題がつきまとう。文化的相違は、チームワークの障害になることがある。大した違いでなかったにしても、気づいた時には大きな損失を被っているという事態になりかねない。冒頭のケースのように、マネジャーが仲介に入ることで、かえって傷口が広がることもある。

多国籍チームを効果的にマネジメントするには、まず対立の根底にある文化的な要因を理解しなければならない。さらに、マネジャーが介入する際には、チームを本来の軌道に引き戻しながら、同時にメンバー自身が問題に対処する力を身につけられる方法で進めなければならない。

我々は、世界各地の多国籍チームのマネジャーとそのメンバーを対象にインタビュー調査を実施した。さらに、我々がこれまで手がけたソリューションやチームワークに関する研究結果とも照合した結果、次のような結論が導き出された。

マネジャーがチームに介入する方法を誤ると、本来ならばチームに貢献するはずの有能なメンバーの力を引き出せなくなるおそれがある。さらにひどい場合には、メンバーの反発を招き、チーム全体の業績が上がらない可能性もあることがわかった。

本稿は、たとえば会計実務のように、国によって異なる基準を尊重すべきであると主張するものではない。我々の目的は、多国籍チームが日々直面している問題を追跡することにある。

国籍や文化の異なるメンバーで構成されるチームのメリットとして、たとえば「各国の製品市場を熟知している」「文化的相違に配慮した顧客サービスを提供できる」「二四時間体制の勤務シフトを組める」などが挙げられよう。しかし、チームに問題や軋轢が生じれば、これらのメリットを享受できないおそれもある。

幸いにも、文化的相違にまつわる問題は解決可能である。重要なのは、マネジャーとメンバーが適切な戦略を選択し、単一の文化に基づくアプローチを多国籍チームに無理矢理押し付けないことである。

チームの行く手を阻む四つの問題

多国籍チームが抱える問題というと、コミュニケーションの方法が異なるせいで生じるものと考えられがちである。しかし、実際はそれだけではない。我々の調査によれば、多国籍チームの成功を阻害するものが四つある。

❶直接的コミュニケーションと間接的コミュニケーションの差
❷英語の問題
❸組織階層と権限の違い
❹意思決定ルールの不一致

❶直接的コミュニケーションと間接的コミュニケーションの差

欧米文化におけるコミュニケーションの方法は、たいてい直接的で、明快である。話し手の意図はすべて語られた言葉の中にあるため、聞き手は文脈や聞き手のことをそれほど知らなくても理解できる。しかしこれが、すべての文化に通用するわけではない。他の文化の多くでは、メッセージを提示する方法自体に意味が込められている。

たとえば、欧米人同士が交渉する時、「AとBのどちらがよいか」と質問し、相手の意向や優先順位について重要な情報を得る。ところが、間接的コミュニケーションを使う文化では、たとえば相手が提示する妥協案の変化、あるいは変化がないことから、相手の意向や優先順位を推測しなければならないことがある。

異文化との交渉では、欧米人以外は欧米人の直接的コミュニケーションを理解できるが、欧米人は欧米人以外の間接的コミュニケーションを理解するのに苦労する。顧客データシステム用のインターフェースを開発する日米共同プロジェクトを率いた米国人マネジャーは、チームが直面した問題を次のように説明する。

「日本人はよく話しますし、議論好きです。休憩に入ると、今度は仲間内で話し合いを始めます。自分の意見が仲間から浮いていないかどうかを確かめたいからです。私がどうしても馴染めなかったことを一つ挙げると、日本人はイエスと言っているのに、実際は『ちゃんと話を聞いているよ』という程度の意味しかないのです」

コミュニケーションにこのような食い違いがあると、プロジェクトに問題が生じた時、人間関係が大きく損なわれかねない。前出の米国人マネジャーは、システムの欠陥が業務に大きな混乱を招く可能性があることがわかり、米国人の上司と日本人メンバーにメールで報告した。

米国人の上司は、連絡を直接くれたことに感謝の意を伝えてきた。ところが、日本人メンバーたちは彼女のメールに驚いた。日本人の感覚では、大きな問題点を見つけた時には、すぐさま公にすることはありえないからだ。以後、日本人メンバーたちは、マネジャーが進捗状況を把握するうえで必要な情報を積極的に伝えようとはしなくなってしまった。

米国人マネジャーが間接的に問題を指摘していれば、日本人メンバーはこのように反応することはなかっただろう。たとえば、システムの一部が適切に機能していないことを承知していて、その影響がわかっていても、「もしシステムのこの部分が適切に機能しなかった場合、どのような影響が生じるのか」と尋ねる。そうすれば、日本人メンバーは抵抗感を抱かなかったはずだ。

我々の調査が示すように、コミュニケーションに問題があると、情報の共有がうまくいかなかったり、メンバー間の対立を招いたり、あるいはその両方によって、チームワークが壊れてしまうことが多い。

日本では、対決姿勢を露わにするようなメンバーを孤立させるケースも少なくない。前出の米国人マネジャーは、人間関係だけでなく、物理的にも孤立させられてしまった。彼女は我々にこう語った。

「私のオフィスは倉庫に移されてしまいました。そこはいくつもデスクが天井まで積み上げられた部屋で、そこにいるのは私だけです。私は完全に孤立させられたのです。実にわかりやすいサインでした。

もう、私は仕事の仲間ではなく、必要な時以外は話をする気もないという意味でした」

この米国人マネジャーが直接的なアプローチに甘んじたのは、とにかく問題を収拾したかったからである。事実、プロジェクトは問題を乗り越えて進み始めたのだから、その目的は果たしたともいえる。

しかし、彼女が直接的なコミュニケーションに訴えたことで、日本人メンバーの協力を引き出すことに失敗した。しかも、プロジェクトの成否を左右するほかの問題を提起することもできなくなってしまった。

❷英語の問題

グローバルビジネスでは英語が公用語とされるが、言語の問題は誤解や深刻な摩擦を生むおそれがある。英語のネイティブスピーカーではない人たちの訛りや会話のぎこちなさ、あるいは言葉遣いや翻訳から生じる問題が原因だが、それによって自分の地位が危なくなることもあれば、能力そのものの評価にまで影響が出ることも考えられる。

多国籍のコンサルティングチームに属する、ある中南米出身者は、次のような不満を漏らした。

「言語の違いのせいで、考えていることをうまく表現できなかった経験は何度もあります。米国人の同僚と一緒にクライアントに会うと、たいてい彼が主導権を握ってしまうわけです。仕方がないことですが、やはり悔しいです。何しろ、私と彼は同じ職位です。私がまさに的確な質問を用意していても、いつの間にか主導権は彼が握っているのです」

米国の某小売チェーンが日本市場への進出規模を拡大すべきかどうかを検討するに当たって、日米合同チームを設置した。我々がそのチームに所属する米国人にインタビューしたところ、彼女は別の米国人メンバーをこう評していた。

「彼は日本人コンサルタントの意見を聞こうとはしませんでした。自分のように流暢に英語を話せないから知的レベルも低い、だから話を聞いても無駄だと思っていたのです」

彼女がこう評する人物は、日本進出の実現性を評価する責任者だった。日本人専門家の意見に耳を傾けなかったことで、彼は事業拡大のメリットを過大評価し、問題点を過小評価しかねなかった。

英語をうまく話せないメンバーがチーム内で一番の専門家というケースもある。しかし、その人が自分の知識を他のメンバーに伝えられなければ、専門知識の持ち主であることはおろか、その知識を活用することもおぼつかない。

周囲がメンバーの下手な英語に我慢できなくなれば、人間関係に亀裂が生じかねない。ネイティブスピーカー以外のメンバーはチームに貢献しようという意欲を削がれるかもしれないし、自分の評価や昇進が心配になるかもしれない。組織全体に強いられる代償はさらに大きい。多国籍チームへの投資が無駄になってしまう。

摩擦の原因になりがちな言語の問題を、逆に摩擦の解消策として利用した例もある。米国と中南米出身者の購買担当チームが、韓国系サプライヤーと交渉した時のことである。交渉の場は韓国だったが、会議は英語で行われた。

席上、韓国側は仲間内で韓国語を使って相談していた。これを快く思わなかった購買側チームは、自分たちもスペイン語で話をした。ただし、韓国側にスペイン語がわかる人物がいても問題ないように、当たり障りのないニュースやスポーツの話題に留めた。スペイン語を話せないメンバーも会話に加わったふりをして、チーム内では大受けだった。

この戦術はみごと奏功した。韓国語で相談するのは不快だということを、遠回しに伝えることができたからだ。こうして双方ともに内輪で話す時間は減っていった。

❸組織階層と権限の違い

多国籍チームによくある問題は、組織がフラットであることだ。しかし、相手の地位によって接し方を変える文化圏で育った人は、フラット組織に違和感を覚える。

上下関係を重んじる文化に育ったメンバーが大半を占めるチームでは、上位職の意見に従うのが適切とされる。しかし、平等を是とする文化で育ったメンバーが大半を占めるチームにおいて、そのような行動を取れば、むしろ地位や信頼に傷がつくおそれがあり、あからさまに軽蔑される場合もある。

銀行の与信審査部門で働くメキシコ出身のマネジャーは、我々に次のように語ってくれた。

「メキシコの文化では、常に謙虚さが求められます。ですから、相手の言っていることが理解できない場合、質問の形で話を進めます。相手への敬意から、言い切るのではなく、相手に答えを促すのです。私の場合、その習慣が不利に働いたのでしょうね。相手が米国人だと、話に自信がないと思われてしまうのです。結論を出したがらないと思われたようです」

文化や価値観の違いから、自分は軽視されていると感じるメンバーがいれば、プロジェクトの成否に関わる。

別の米韓交渉では、米国側のデューディリジェンス（事前調査）担当チームが、韓国側の担当者から情報をもらえずに困っていた。そこで、韓国側の上層部に直訴したところ、あやうく交渉が決裂しそうになった。韓国の組織や文化ではヒエラルキーは絶対であるため、韓国側の上層部は気分を害したのである。問題提起は、米国側メンバーからではなく、同じ韓国側のメンバーからなされるべきだった。韓国側のメンバーにすれば、米国側は頭越し外交をしたと腹立たしく感じていた。事態を収拾するため、米国側の上層部が韓国へ飛び、韓国側のトップに詫びを入れるはめになった。

❹意思決定ルールの不一致

意思決定プロセスは、文化によって大きく異なる。その差がとりわけ顕著なのが、意思決定スピードと事前に必要とされる分析量である。予想通りと言うべきか、米国人マネジャーは他国のマネジャーに比べて、意思決定が非常に早く、事前の分析は比較的少ない。米国企業で中南米向け韓国製品の買い付けを担当するブラジル人マネジャーは、次のように語っている。

「交渉初日に三つの項目で合意しました。そこで次の日、米国・中南米側は四番目の項目から話を始めようとしました。ところが、韓国側は前日に合意したはずの三項目を、もう一度討議するよう求めてきたのです。私の上司は目をぱちくりさせていました」

こうした経験から米国人メンバーは、他の文化圏を相手にする時は自国の流儀を押し通すわけにはいかないことを学んでいる。

たとえば、米国以外の文化で育ったマネジャーは、プロジェクトの全体像を把握するまで情報を共有したがらないかもしれない。しかし同時に、早く決めたいという米国側の意向も無視できない。では、どうすればよいか。

最も望ましい解決策は、多少の妥協であろう。異なる意思決定プロセスを受け入れ、尊重するのだ。米国人メンバーは、結論を急ぎがちな上司を会議に出さないようにして、最新状況について短時間でもよいから頻繁に報告するとよい。また、他の文化で育ったメンバーは「全体像を見ないと、細部について議論できない」といった言い方で、自分たちが望んでいることを相手にはっきり伝えるべきだろう。

四つの戦略を使い分ける

我々のインタビューの中で、ここまでに挙げてきた問題に最もうまく対処していたチームやマネジャーは、次の四種類の戦略を実践していた。

❶適応：チーム内に文化的な相違があることを公式に認め、それを意識しながら仕事を進める。

❷組織構造への介入：チームの形態を変える。

❸組織運営への介入：チームの規律を早期に設定する、またはより職位の高いマネジャーが関与する。
❹放出：どの対策でも効果がなかった場合、チームメンバーを放出する。

多国籍チームに生じる問題への対処法には、唯一の解はない。問題の種類を突き止めることはもちろん必要だが、それは第一段階にすぎない。それより重要なのは、チームがどのような環境に置かれているのか、すなわち「問題解決につながる状況要件」を見極める段階である。

たとえば、途中で変更が加えられるプロジェクトなのか、それとも納期の関係で変更は不可能なのか。新たに調達できる経営資源はあるか。チームは一時的なものか、継続的なものか。リーダーはチームメンバーやプロジェクトの内容を変更できるか等々──。これらの状況要件が明らかになれば、正しい対策が見つかるはずである（**図表7**「適切な戦略を見極める」を参照）。

❶適応

多国籍チームの中には、文化的相違によって生じる問題とうまく共存しながら仕事を進める方法を見出す例がある。それは適応と表現できる。すなわち、メンバー構成や役割分担は変えず、仕事の進め方を調整するのだ。この戦略が効果を発揮するのは、メンバー自身がチーム内の文化的相違を自覚しており、かつ何とか共存しようと考えている場合である。

このアプローチが最善策であるケースが多い。なぜなら、後述する三つの戦略と比べて時間と手間がかからないばかりか、メンバーみずから問題解決に携わるために、その過程において学習できるからだ。メンバーがこのような高い意識を持って臨めば、他のメンバーの流儀を尊重しつつ、自分の流儀を守る道を探そうと、あれこれ工夫するはずである。アイルランドで働く米国人ソフトウェア技術者は、イスラエル人の経理担当チームと一緒に仕事をした時、そのマイペースぶりに驚かされた。

いわく「問題に対処する方法も議論の進め方も、まったく違いました。いずれもイスラエルの『議論好き』な文化に通じるのでしょう。私は協力し合いながら仕事を進める性質なので、双方の文化をそれなりに融合させる方法を見つけるまで、かなりストレスを感じました」。

この米国人は適応戦略を試みた。いかなる場合でも準備を怠らないという自分の流儀を守るため、一定のルールをイスラエル人チームに課し、彼は彼で、彼らの流儀を受け入れた。そこで、イスラエル人メンバーが自分とだけ対立しているわけではないことに気づいた。彼らもチーム内でぶつかり合い、こうして一緒に働く中で成果を出していたのだ。チーム内の対立は個人的な理由によるものではなく、文化に起因するものであることを、理解した。

もう一つの例を挙げよう。ポストM&Aのコンサルティングを専門とするチームに属する米国人メンバーの経験も注目に値する。彼は、担当するフランス企業のヒエラルキーをどのように扱えばよいのか、苦心していた。当初は、合併プロセスに直接関わっていないフランス人マネジャーと話をしても、「自分にとっても、プロジェクトの目的を考えても、ヒエラルキーなど、まったくもって無意味なものだ」と思っていた。

しかし次第に、合併企業を軌道に乗せるには「そこにいる社員全員をしっかり巻き込むことが重要だ」

なかでも、適応は理想的である。チームメンバーたちが、上からの指示をほとんど受けることなく問題解決に向けて協力し、しかも経験から学習できる機会もあるからだ。

下表は多国籍チームに起こりがちな問題点と、その対処法についてまとめたものである。チームが抱える問題点と「問題解決につながる状況要件」を見極められれば、適切な戦略が見つかるはずだ。

戦略	留意点
適応	●メンバーに高い意識が求められる。 ●共通認識を得るための話し合いに時間がかかる。
組織構造への介入	●不用意にチーム編成を変えると、さらにギャップが広がりかねない。 ●小集団から上がってくる解決策をまとめる必要がある。
組織運営への介入	●チームが、リーダーの上司に必要以上に依存しかねない。 ●一部のメンバーがチームの中心から外れたり、反発したりすることがある。
放出	●人材が流出し、研修費が無駄になる。

図表**7**｜**適切な戦略を見極める**

我々の調査によれば、多国籍チームの問題にうまく対処していたマネジャーは、次の４つの戦略を用いていた。

❶適応：チーム内に文化的な相違があることを公式に認め、それを意識しながら仕事を進める。
❷組織構造への介入：チームの形態を変える。
❸組織運営への介入：チームの規律を早期に設定する、あるいはより職位の高いマネジャーが関与する。
❹放出：どの対策でも効果がなかった場合、チームメンバーを放出する。

典型的な問題点	問題解決につながる状況要件
●意思決定のルールの違いが対立を招いている。 ●コミュニケーション方法の違いが誤解や反発を招いている。	●問題の原因は性格ではなく文化にあることを、メンバーが理解できる。 ●チームリーダーが関与できない状況にある、またはメンバーに自主的に解決する意欲がある。
●英語によるコミュニケーションの問題や一部のメンバーへの固定観念から、チーム内に感情的な摩擦が生じている。 ●上下関係のせいで、メンバーが消極的になっている。	●メンバーの文化的背景や専門知識を融合させるように、小集団に編成できる。 ●業務を細分化できる。
●上下関係を乱す行動から摩擦や対立が起こっている。 ●運営上の大原則がないために、対立が生じている。	●問題が感情的なレベルに発展している。 ●チームの雰囲気が沈滞している。 ●チームリーダーの上司に、チームに介入する能力と意思がある。
●メンバーがチーム内の問題に対応できず、プロジェクトに貢献できなくなっている。	●チームは期間限定のものではなく、今後も継続的に活動する。 ●感情面での軋轢が、介入だけでは解決できない水準である。 ●メンバーがチームにいづらい状況になっている。

と考えるようになったという。

ある米国人と英国人で構成されるチームでは、意思決定プロセスの違いをあえて利用して、より質の高い意思決定を導き出そうという試みを始めていた。このアプローチは「融合」と呼ばれるもので、政治学者や行政関係者から大きな注目を集めている。いくつかの文化が混在する国や地域では、住民が互いに統合・同化するよりも、みずからの文化を守ろうとするケースが少なくないからだ。

もしこの英米チームが、米国式の「前進あるのみ」型のアプローチを続けていれば、行く手の落とし穴に気づかず、いずれ後戻りしてやり直しを迫られていたかもしれない。そうなれば、英国人メンバーは「だから急ぎすぎだと言ったのに」と不満を口にしたことだろう。

逆に英国式の「指差し確認」型のアプローチだったならば、あらゆる落とし穴を洗い出そうとして、膨大な時間を浪費していた可能性がある。米国人メンバーは、分析ばかりを繰り返して前進しない状況に不満を感じたことだろう。

このチームの強みは、とにかく前進したがるメンバーと、慎重に落とし穴を見つけようとするメンバーの両方がいることだった。両者を共存させるために、チームは両方のアプローチを融合させた。米国人ばかりの場合ほど急がず、英国人ばかりの場合ほど慎重にならないアプローチを選択したのである。

❷組織構造への介入

組織構造への介入とは、個人間に生じた軋轢を緩和したり、対立の原因を取り除いたりするために、チームの再編や人員の再配置を実施することを指す。

この戦略がとりわけ効果的と思われるのは、チームが、たとえば本部と現地法人のように明確なサブグループに分かれている場合や、メンバーに「プライドが高い」「保身的である」「自信が持てない」「他のメンバーに否定的な固定観念を抱いている」といった特徴が見られる場合だろう。

欧州大陸、英国、米国にまたがる投資調査チームでは、三つのグループ間の上下関係や言語の問題から、非生産的な摩擦が生じていた。あるメンバーに聞いた話によれば、マネジャーはこれらの問題を次のような方法で解決したという。

そのマネジャーはまず、チームメンバー全員が顔を合わせる機会を年に二回設けた。その目的は、日常的な細かい問題を話し合うことではなく、チームの運営と評価の基準を明確にすることだった。

最初の会議でマネジャーは、自分が口を開くと、メンバーたちはいっせいに黙り込み、話をただ聞いていることに気づいた。そこで、彼はコンサルタントを雇い、次回以降の会議の進行を任せることにした。メンバーにとってコンサルタントは直属の上司ではなく、怖がる必要はない。会議をコンサルタントが仕切るようになると、メンバーたちは積極的に発言するようになった。

組織構造への介入には、文化も専門知識もさまざまなメンバーで構成される小人数のワーキンググループを別途設置し、チーム全体で動いたのでは得られにくい情報を集めるという方法も考えられる。日本の小売市場への進出を検討するチームの女性マネジャーが使ったのが、このアプローチである。

彼女は、日本人の女性コンサルタントの特徴に気づいた。大人数の会議や男性の上司がいる場では、積極的に発言しなくなる。そこで、この女性マネジャーは、チームを小人数のグループに分けることにした。彼女はこの手法を繰り返し使い、そのたびにメンバーを入れ替えた。全員が他のメンバーのことをよく知り、配慮し合えるようにするためだ。

ただし、この手法も完璧とはいえない。周囲とうまく協調できない人や、大人数のグループでは消極的になりがちな人は、小人数のグループ内でも同じような態度を示してしまうことがあるのだ。

また、小グループでの議論の結果は、いずれチーム全体で集約しなければならない。そのため、このアプローチには新たな介入が必要になる。そして、小グループから上がってきた内容をまとめる仲介役を、誰かが引き受けなければならない。

❸組織運営への介入

マネジャーが裁判官よろしく、チームメンバーを関与させずに最終決定を下してしまうと、マネジャー自身もメンバーもプロジェクトが行き詰まった原因を整理できないまま終わってしまう。しかし、組織運営への介入という戦略を効果的に使えば、メンバー自身が問題の何たるかを理解することができる。

石油精製の安全管理に関する専門家である米国人が、中国でのプロジェクトで大きな障害に直面した時のことである。東アジアでの経験が豊富な彼女は、北京にいるシニアマネジャーに連絡し、精油所の中国人マネジャーの上司との折衝を依頼した。韓国側の上層部にじかに接触して失敗した前出の米国人チームとは違って、彼女は双方の組織の序列に配慮したというわけだ。

「中国側は当社の北京事務所とも、精油所の幹部ともミーティングを行い、問題解決に乗り出してくれました」と彼女は言う。

「こちらには、中国側を侮辱したり、彼らの文化を非難したり、やり方が間違っていると文句をつけたりするつもりがないことを、向こうはわかってくれました。我々は力になりたかったのです。防火と安全の面で重大な課題があることも、相手は理解してくれました。しかし、問題を解決するには、上の人間にかけ合わなければならなかったことも事実です」

発足間もないうちに組織運営への介入を実施して、チームの規律を確立できれば、大きなプラスになる。ソフトウェア開発における多国籍チームの例を紹介しよう。チームの共通語は英語だった。しかし一部のメンバーは、文法は正しくても、訛りが非常に強い英語を話していた。

マネジャーは、チーム運営上のルールを策定するに当たり、言語の問題を取り上げた。すべてのメンバーが、英会話の能力ではなく専門能力を基準に選ばれたこと、ただし言語の問題はチーム全体で取り組むべきものであることをはっきりと伝えた。

さらに、顧客サービスのトレーニングが始まると、顧客に訛りがあることを初めに伝えるようにアドバイスした。「私の英語には訛りがあります。わかりにくいところがありましたら、話の途中でもかまいませんので、どうぞ指摘してください」と顧客に断るようメンバーに指示したのだ。

❹放出

我々の調査では、メンバーを放出することで問題解決を図ったという例はあまり見られなかった。調査対象の多くが、特別プロジェクトチームだったからであろう。

一時的に招集されたチームでは、不満を抱いているメンバーがいても、プロジェクトが終わるまで辛抱するというケースが少なくなかった。ところが、今後も継続するチームの場合、これまで挙げた三つの戦略がうまくいかないと、最後の手段としてメンバーの放出が選択された。メンバーみずから離れた場合もあれば、マネジャーが要請した場合もある。

この方法が採られるのは概して、問題解決を図る中で、いらぬ感情的な軋轢が生じたり、メンバーがチームにいづらくなったりした場合が多かった。

多国籍のコンサルティングチームに属するある米国人は、二人のシニアコンサルタント、ギリシャ人女性とポーランド人男性が問題解決の方法をめぐって対立した様子について次のように語る。

「ギリシャ人女性は『この方法でいくべきだ』と言い張ります。彼女の主張する方法は、たいていは本人がよくわかっているものでした。ポーランド人男性は『いや、こっちの方法を採るべきだ』と反論します。すると、ギリシャ人女性は顔を紅潮させて、強い口調で『そんな方法がうまくいくはずがない』と言い返すのです。業務上の見解の相違が、ついには個人的な対立になっていました」

「ギリシャ人女性は結局、退社してしまいました。二人の間に起こったさまざまな問題の結果、そうなってしまったのでしょう。二人はまさに水と油でした。コンサルティングという仕事は文化に順応しなければならないものですが、同じくプロジェクトリーダーが誰であろうと、その人のやり方に順応しなければならないことが多いはずです」

文化的相違を乗り越える

多国籍チームの抱える問題すべてが、文化的相違に起因しているわけではない。とはいえ、我々が調査したチームの大半において、問題の根底には文化的相違があった。しかも、文化的相違によって問題が生じることで、チームの機能を損なうだけでなく、マネジメント上の根本的な問題を露呈させることもある。

早期に介入して規律を徹底するマネジャーや、組織構造に介入することで全員参加を促すチーム、あるいは問題の原因は性格ではなく文化にあることを理解しているチームは、ユーモアと創造性を持って問題に対処している。

プロジェクトが停滞してしまった後になって、ようやく介入した場合でも、チームをもう一度甦らせることは可能かもしれない。しかしこのような事後対策では、メンバーみずから解決策を見出す能力が身につかず、チームが再び行き詰まった時に苦慮することとなろう。

不満を感じているメンバーが時間をかけてでも問題に向き合い、解決策を検討すれば、結果は大きく違ってくる。ある金融サービス会社のコールセンターの例を挙げよう。

コールセンターでは、メンバー全員がスペイン語を流暢に話せたが、その中には北米出身者と中南米出身者がいた。時間当たりの処理件数で見ると、チームの業績はけっして芳しくはなかった。

中南米出身のある女性メンバーは、通話一件当たりの所要時間が他のメンバーの二倍に達していた。顧客からの質問はきちんと処理していたが、顧客と雑談もしていたためだ。

他のメンバーは彼女の処理件数が少ない分、自分たちにしわ寄せが来ていると不満を露わにした。彼女はすぐに問題を認め、実は電話をうまく切る方法を知らないと告白した。彼女の文化では、誰とでも雑談するのがごく当たり前だったのである。

コールセンターのメンバーたちは団結して、彼女に救いの手を差し伸べた。機械をちょっといじって、彼女の電話が長引いている時は、他のメンバーが替わって、これを引き継げるようにした。顧客に断って電話を引き継ぎ、「お相手をしていた者は、急に別のお客様の問い合わせを担当する必要が生じまして」と説明するのだ。

この方法で問題はすぐに解決した。会話を引き継いでもらった女性メンバーも、電話をうまく切る方法を身につけていったため、長期的にも効果があったといえるだろう。

もう一つ、全社的規模のＩＴプロジェクトを統括する多国籍チームの事例を見てみよう。チームを率いるインド人マネジャーは同僚のシンガポール人とともに、同じチームの日本人メンバー二人と話をすることにした。その目的は、日本人メンバーに担当業務をしっかりやらせることだった。二人の日本人メンバーは口では「しっかりとやる」と言うのだが、その後もあまり改善が見られなかった。インド人マネジャーは、日本人メンバーの上司に相談することも考えた。しかし、それは得策ではないと判断し、問題の二人だけではなく、日本のＩＴチーム全員のコンセンサスを図ることにした。

インド人マネジャーとシンガポール人の同僚は、ｅビジネスに関するプレゼンテーションを用意して、日本へと飛んだ。現地のITチーム全員をランチミーティングに招いて、プレゼンテーションを行った。優先事項を共有し、チーム内の足並みを揃えることで成功した他部門のケースを紹介したのである。

このインド人マネジャーは「遠回しなやり方でしたが、効果はありました」と我々に語ってくれた。日本のITチームからは、もし次のプレゼンテーションがあるならば、その時は自分たちについて取り上げてほしいという声が寄せられたという。やがて、チーム全体に調和が生まれてきた。マネジャーが介入すべき局面が再び訪れることはなかった。

第8章

決められないチームへの6つの対処法

ストラテジック・オフサイツ・グループ マネージングパートナー
ボブ・フリッシュ

"When Teams Can't Decide"
Harvard Business Review, November 2008.
（未訳）

ボブ・フリッシュ
(Bob Frisch)
ボストンに拠点を置くストラテジック・オフサイツ・グループのマネージングパートナー。共著として "Off-Sites That Work," HBR, June 2006.（邦訳「オフサイト・ミーティングの心得」DHBR 2009年1月号）、*Simple Sabotage*, HarperOne, 2015.（邦訳『アンチ・サボタージュ・マニュアル――職場防衛篇：組織を破壊から守る9の戦術』北大路書房、2018年）がある。

なぜ経営会議で「決められない」のか

エグゼクティブチームが、ある重要な戦略を検討していた。だが、いくら努力をして時間をかけても、満足できる結論に達することができなかった。ついに全員の目がCEOに向けられ、居心地の悪い瞬間が訪れた。チームはボスが最終決定を発表するのを待った。しかし、CEOが最終決定を告げた時、その結論に満足した人はわずかしかいなかった。口に出す者こそいなかったが、不満を募らせていた。

CEOは決めることのできないエグゼクティブたちを責め、エグゼクティブたちは独裁者のように振る舞うCEOに腹を立てた。この話に思い当たる節はないだろうか。これは、CEOが仕方なく独裁者になる「独裁化症候群」(dictator-by-default syndrome)と、筆者が呼んでいるものにほかならない。

このような現象は、ここ何十年もの間、リーダーシップの問題、チームワークの問題、またはその両方の問題と見なされてきた。これに対処するため、企業は管理職にチームビルディングやコミュニケーションの研修を行い、アサーティブ・コミュニケーション(相手を尊重しながら自己主張すること)、フィードバックの与え方や受け入れ方、他者と信頼関係を築く方法などを教えている。

だが、決められないのは個人のせいではなく、意思決定のプロセスに原因がある。個々の選好に基づいて全体としての意思を統一しようとすると、どうしても議論が行き詰まってしまうのである。

リーダーシップチームが決められないのは、意思決定システムの背後にある「数学」に原因がある。

それが理解できたら、的外れな心理学的エクササイズのために無駄な時間を使うことをやめて、議論の袋小路を突破するための実用的な方法を使うことができる。

その方法を紹介するのが本稿だが、規模を問わずあらゆる企業のクロスファンクショナルな社外戦略会議（オフサイト会議）で、効果を発揮することが実証されている。この方法を使えば、ありがちな非難の応酬はやみ、誰も責任を取ろうとしない意思決定から脱却することができる。

全員が満足する決定は不可能

個人の選好に基づいて、集団としての意思を決定するための科学的手法は存在しない。三人以上から成る集団が、三つ以上の選択肢に優先順位をつけようとする時、異なる選択肢を選ぶ複数の多数派が形成されてしまい、集団として一つの選択肢を選べないということが起こりうる。

一八世紀フランスの数学者であり社会理論家であるニコラ・ド・コンドルセが最初に気づいた「投票のパラドックス」と呼ばれる現象で、すべての選択肢について、それを選好する多数派が形成されて対立する時に発生する（**図表8**「投票のパラドックス：ボスの決定はいつも間違っている」を参照）。その一世紀半後、著名な経済学者ケネス・アロー（一九二一～二〇一七年）が、コンドルセの研究に立脚した一連の数学的証明を行って、「不可能性定理」を確立した。

図表8｜投票のパラドックス：ボスはいつも間違っている

ある会社のマネジメントチームが、社員のための社用車を選ぼうとしていた。BMW、レクサス、メルセデスの3つのオプションをランク付けする必要に直面して、全員はたと考え込んでしまった。

沈黙を破ろうとしたのか、CEOがBMWを選ぶと言った。しかし、CEO以外の3人の好みを示す表を見ればわかるように、2人はBMWよりレクサスが好みだ。

しかし、CEOがレクサスを選んだとしたら、それよりはメルセデスがよいと思うメンバーが2人いる。CEOがメルセデスを選んだら、BMWのほうがよいと思うメンバーが2人いる。

整理すれば、レクサスはBMWに勝ち、メルセデスはレクサスに勝ち、しかしBMWはメルセデスに勝つ――つまり選好は三つ巴の構造になっているのである。

CEOがどれを選んでも、彼のチームの多数は別のオプションを選ぶので、CEOは不当にも、しかし当然に、独裁者と見なされることになる。

	第1の選択	第2の選択	第3の選択
役員A	BMW	メルセデス	レクサス
役員B	メルセデス	レクサス	BMW
役員C	レクサス	BMW	メルセデス

この定理を説明するために、コスト削減を目指す九人から成るマネジメントチームがあって、次の三つの選択肢を比較、検討しているとしよう（各選択肢に順位をつけて考えるとする）。

（a）工場を閉鎖する。
（b）自社直販をやめて外部の流通業者を雇う。
（c）給与や福利厚生費を削減する。

各エグゼクティブは自分の選択を発表して理由を述べることができるが、どれを選んでも、別のオプションを選択する多数派が存在しうる。

たとえば、五人が「外部流通業者を雇う」よりは「工場を閉鎖する」ほうがよいと考えるかもしれない（a＞b）。

別の五人は、「給与や福利厚生費を削減する」よりは「外部流通業者を雇う」ほうがよいと考えるかもしれない（b＞c）。

この場合、選好の順序に推移的な関係が成立していれば、「工場閉鎖」が「給与削減」より好まれるはずだ（a＞c）。

しかし、ここにパラドックスが顔を出す。さらに別の五人が、「工場閉鎖」より「給与削減」を選択するということが起こりうるのである（c＞a）。つまり、選好が推移的ではなく、循環的な「三つ巴」の構造になるのである。

議論を尽くした後、最終的にCEOがどれか一つの選択肢を選ばなくてはならなくなった場合、その決定に賛成するのはチーム内の少数派になるかもしれない。CEOが何を選ぼうと、別の選択肢を好む多数派が存在する可能性が高いのである。

さらに、アローが示したように、どんな投票方法を採用しても、この問題を解決することはできない。選ばれなかったオプションに点をつけたり、選好順に点数をつけてランク付けしたり、とにかく何をどうやっても、だ。問題の回避はできるかもしれないが、その解消はできないのである。

決められない原因は何か

独裁化症候群を回避したければ、CEOやマネジメントチームは、まず何が原因でそのような状態に陥っているのかを理解しなければならない。この症候群がよく見られるのは、エグゼクティブたちが行うオフサイト会議だが、およそ何かを決めようとする会議においては常に顔を出す問題でもある。

ほとんどのエグゼクティブチームは議会のように構成されている。CEO以外のメンバーは、たとえばマーケティング、オペレーション、財務など、会社という組織を構成する重要な〝選挙区〟の代表だ。個々の役割を離れて大局的視野で会社を見るようCEOから求められても、自分が担っている役割を離れて物事を考えるのは難しい。

議論の多くはリソースの配分や優先順位の設定をめぐって行われるため、メンバーは自分が進めたいプロジェクトの承認と資源配分を求めて、他のメンバーと競うことになる。複数のオプションがある場合、CEOが仕方なく独裁者になるという展開を避けられない。

気づきにくいのだが、この問題は、二者択一の問題でも現れる。理論上、投票のパラドックスが成立するためには三つ以上の選択肢が必要にもかかわらず、だ。

戦略上の検討を「あれ」か「これ」かという構造（「この市場に打って出る」か「この事業から撤退する」か）に押し込めば、少なくとも投票のパラドックスは回避できるように見える。

しかし、そのような選択肢では、常に第三の見えざる選択肢が存在する――「どちらでもない」という選択肢である。言葉を換えれば、積極的参入、撤退、何もしない、を支持する多数の人々が三つ巴の形で存在しうるということである。

どこにでもありそうなビジネスケース（経営戦略コンサルタントが企業の経営陣に対して、数年先の事業計画や収益性を示したもの）を、例に取って考えてみよう。

ビジネスケースの多くは、クライアント企業に対して積極的な一つの勧告を行う。たとえば「この市場に積極的に参入すべきである」などと提案する。こう言われた場合、考えられる唯一の反論は「この市場参入は見送る」というものだ。

しかし、メンバーの中には、暫定的に参入したいと考える人がいるかもしれないし、隣接する市場に参入したいという人がいるかもしれないし、さらには当該市場の可能性がはっきり見えるまで決定を先に延ばしたいという人もいるかもしれない。

議論をイエスかノーかの意思決定に落とし込むというやり方は、自分たちは複数の選択肢について議論し優先順位をつけるのが不得手だということを、暗黙のうちに認めていることでもある。

さらに、アナリストたちのチームが六カ月かけてまとめた提案について、三〇分しか議論する時間が与えられていないような場では、たとえ異論があっても発言する気にはなれないかもしれない。ほんの数日前に配付された概要書と、二〇分ほどのパワーポイントによるプレゼンテーションだけを見せられた、営業やマーケティングの責任者たちが何か質問したところで、外野席から発せられたコメントとしてあしらわれるのが関の山だ。そういうわけでチームメンバーからの発言はなく、いつの間にか投票のパラドックスに囚われてしまう。

最終的には、次の議題に進むために、賛成多数で承認されたことにするか、CEOの「鶴の一声」で決定が下されて終わる。しかし実際には、表に出ないだけで、反対意見や多数派の支持する別の考え、結論に対する不満がくすぶっているかもしれない。

マネジメントの機能不全を避ける方法

正しい意思決定ができない理由がわかれば、CEOとマネジメントチームは、機能不全に陥るリスクを最小限に抑えられる。その明快な方法を六つ紹介しよう。

達成したいゴールを明確にする

ビジネスの世界では、同じことを言っているつもりでも、実際にはまったく話が噛み合っていないケースが多いことに驚かされる。たとえば会社の「成長」について議論していても、売上増大を考えている人もいれば、市場シェア、あるいは純利益を考えて話している人もいる。

したがって、議論はまず、自分たちは何を達成したいのかについて合意することから始める必要がある。それが「成長」なら、成長を測るための最も有効な尺度として全員が同意できるものは何かを確認するということである。

ゴールが明確でないと、メンバーはそれぞれが拠って立つ暗黙の、往々にして大きく異なる前提に基づいて議論し、選択することになるが、それも独裁化症候群の原因となる。

一例を挙げると、ある大手産業機器メーカーの一事業部で、米国でのコモディティ製品と西欧での専門製品の生産能力が上限に達しつつあった。どちらの地域でも人件費も原材料費も高かったので、エグゼクティブチームは当然、考えられる選択肢について検討した。

すなわち、米国の工場を閉鎖して、コストが安く原材料も得やすい中国に工場をつくり、コモディティ製品の生産を全面的に移管し、専門製品については増加分の生産を移管するというものだ。マネジメントチームのほとんどのメンバーは、ゴールはROA（純資産利益率）を最高レベルに引き上げることだと考えており、それを達成できるのは中国への工場移転だろうと考えた。

しかし、CEOは各事業部のトップたちと、主に会社全体の間接費の配分を意識した議論を重ねていた。生産を中国に移転すれば、米国工場に原材料を供給している工場も閉鎖されることになり、企業全体の収益が影響を受けることになる。事業部のエグゼクティブチームは、会社が目指しているゴール――収益を損なうことなく間接費を最小限に抑える目標――を理解してからは、会社が抱えている制約を踏まえて生産能力の問題に取り組むことができた。

望ましい結果は何かについての議論と、それを達成する方法についての議論は、しっかり区別することが大切だ。目指すべき結果が明確になれば、そこから必然的に導かれる前提に照らして選択肢がふるいにかけられるので、それだけで無意味な見解の相違を、あらかじめ排除し解消できることがある。また、エグゼクティブたちが全社で共通する目標を目指すのではなく、自分の利益を守ろうとする時に起こる、政治的な駆け引きを回避するのにも役立つかもしれない。

ゴールを達成するための選択肢に幅を持たせる

前述の産業機器メーカーのエグゼクティブチームの場合、目指すべき結果が明確になれば、選択肢を「賛成」「反対」「先送り」という単純な三区分ではなく、細かい違いや幅のあるオプションとして記述することができる。たとえば、専門製品の工場を中国に建設する、欧州工場を強化する、コモディティ製品の工場を中国に建設して米国工場を段階的に縮小する、などである。

制約は壁なのかフェンスなのかを考える

各オプションについて考えるよう求められた時、エグゼクティブチームはすぐに、できないことは何かを考えてしまいがちだ。現実のものであれ想像上のものであれ、全社方針に縛られていると思っている事業部レベルでは特にその傾向がある。

実際に制約があると思い込むだけでなく、それに抵触しそうな議論に二の足を踏む。チームメンバーがそのような「境界」に言及したら、筆者や筆者の同僚は、それは動かせない壁なのか動かせるフェンスなのかを考えるよう、勧めることにしている。

たとえば、世界的な金融サービス企業の一部門が、成長のための新しい道筋を検討していた。銀行業務にも手を広げるというのが有望な方法だったが、この部門のエグゼクティブチームは、全社方針が銀行業務への参入を禁じていると考え、その可能性を検討すらしなかった。部門のトップが上司に、銀行業務への参入を禁じている全社方針について尋ねたところ、禁止されていたのは、つまり、動かせない壁とは、特定の規制の対象となる新規事業だけだということがわかった。

それがわかったので、部門の幹部たちは、新たな規制の対象とならない銀行機能を含む戦略を開発することができた。

早い段階でチームの選好を把握する

裁判における陪審員のように、エグゼクティブチームは、議論の最初の段階で拘束力のない投票を行って、自分たちが全体としてどのような位置にあるかを感覚的に把握することができる。会議に先立ってアンケートを実施し、合意できる点、意見が割れている点、議論が膠着状態に陥る可能性がある点などを把握しておくこともできる。

ある世界的クレジットカード会社が、成長のために投資先を決定しようとしていた。普通の進め方だと、エグゼクティブチームは多数の国についてオープンエンドの議論(終わりを定めない議論)を行い、さまざまなオプションについてそれを支持する多数派が形成されて、議論が行き詰まる可能性があった。彼らはそういう方法は採らず、仮投票を行い、得票のなかった国をあらかじめ除外し、多数のメンバーが同意した二つの場所に議論の焦点を絞った。このような「加重投票」という方法は、選択肢の範囲を絞り込むことによって、独裁化症候群を防ぐうえで役に立つ。

三億六〇〇〇万ドルの利益増を実現するための事業計画を立案した、ある大手保険会社の生保・年金部門の話をしよう。計画立案に当たり、エグゼクティブチームの各メンバーは、まずどの事業が成長をもたらすかを見極めようとした。

複数の事業ラインを対象に一人一票の投票を行うのではなく、各メンバーの前に同社の製品と販売チャネルを表す四角で区切られた格子状のマスが置かれ、一人ずつに三億六〇〇〇万ドルを擬したポーカーチップが配られた。

メンバーは成長が見込めるマスの上に、そこで得られる成長額に等しいチップを置く。その結果を見て議論し、その後、再度チップを置いて議論する。そのプロセスを繰り返しながら、合意形成へと進んでいったのである。

この加重投票制度によって、最終ラウンドとなった三回目には、議論の対象は少数の事業とチャネルに絞られ、チームメンバーの間にしっかりした見解の一致が形成された。均等に重み付けされた投票を行っていたら、チームは投票のパラドックスに絡め取られたかもしれないが、加重投票によって、複数の選択肢を検討する際に問題を引き起こしがちな、偽りの公平性を取り除くことができたのである。

つまり、オプションを早い段階で提示し、それに磨きをかける機会を意思決定に関わるメンバーに与えれば、CEOの決断に委ねるしかない膠着状態に陥る可能性を小さくすることができるのだ。

各選択肢の長所と短所を列挙する

適切なフィードバックの方法を学んだり、アサーティブな話し方を学んだりするより、すべてのオプションの長所と短所を嫌でも明らかにするために時間を使うほうが賢明だ。そのためには、わざと本心と反対の意見を述べる「悪魔の代弁者」(devil's advocate) の存在が必要となる。

「悪魔の代弁者」という概念は、カトリック教会が聖人に列する人物を審査する際に、候補者について否定的な見解を述べるために指名された検事に由来する(「列聖調査審問検事」)。非の打ち所のない候補者についても、否定的な意見を述べるのがその役割だ。一般の裁判でも、対立する双方が自分の主張を展開し、相手の議論に対しては、その場の思い付きではなく準備された反論を行うが、そこにも同じ考えがある。

しかしビジネスの世界では、あるオプションを推奨する者は、そのリスクについては一定程度織り込んでプレゼンテーションを行うものの、リスクを洗いざらい列挙し検証する役割はプレゼンテーションを聞く側に委ねられている。

エグゼクティブチームのメンバーは、提示されたビジネスケースに対し、賛成か反対かを尋ねられる。しかし、会議の数日前に初めて見せられたような提案について、提示された内容と同じような詳細さで反論したり、別の提案をしたりはできまい。

さらに、ビジネスケースにダメ出しをすることは、提案者への個人攻撃と受け止められることも多い。妥当性の検証のために遠慮なく厳しい質問をぶつけることができるのは、CEOとCFOだけということになるが、彼らにしてもビジネスケースを提示するチームについて、必ずしも詳しく知っているわけではない。

ビジネスケースに書かれた、実態にそぐわない二者択一構造の提案を、いくつかの選択肢に分解し、それぞれに悪魔の代弁者を割り当てることで、議論からパーソナルな要素を取り除き、徹底的かつ私情を排した戦略的議論を行うことができる。ただし、二者択一といっても、明示的なものであれ暗黙的なものであれ、だ。この方法は、CEOや有力メンバーが何を選ぶかが周知であるような場合には、特に意味がある。

すべてのオプションに悪魔の代弁者を割り当てるのが面倒すぎるなら、簡略化してもかまわない。CEOかファシリテーターが、各メンバーに、それぞれの業務上の役割に応じて二点か三点、悪魔の代弁をするように求めるのである。

CEOになったつもりで、全社的視点で考えろという無理な要求をされると、黙りこくるか、通り一遍の意見を述べるしかない。だが、このやり方なら、メンバーは各自の専門知識に基づいて意見を述べることができ、不満が残りがちな二者択一構造を、しっかり議論できる複数のオプション構造に変えることができる。

ある大手インターネット・エンタテインメント企業は、悪魔の代弁者の手法を活かした斬新な案を採用した。同社は、多くの投資案件についてのポテンシャルを審議会でまとめて検討している。たとえばサーバーファームのアップグレードから、ウェブ上で特別なエンタテインメント・イベントを提供するための新しいテクノロジーの採用に至るまでだ。以前は、投資提案は発案者がビジネスケースとして審議会に個別に提出し、個別に評価が行われていた。

このような方法に飽き足らず、同社は新しいシステムを確立した。審議会は現在、毎月の定例戦略会議で、すべての投資案件をポートフォリオとして検討している。すべての投資提案が同一のテンプレートで説明されるので比較しやすく、同じ基準で採点することができる。最終的には、審議会のメンバーが提案に個人署名することで投資先が決まる。

このやり方は、悪魔の代弁者がもたらす効果を二つの段階で取り入れているといえる。まず投資提案者が、根拠のない楽観論に頼らず、想定される反論について注意深く検討するので、実現可能性がチェックされ、それを踏まえて審議会メンバーが正しく採点できるようになっている。次にポートフォリオレベルで、複数の提案を比較して採点する仕組みになっているので、限りある資源を競合するオプションに配分することがはっきり意識され、厳しい目で評価が行われている。

一歩引いて新しい案を考える

エグゼクティブチームがどんなに頑張っても、意思決定できずに議論が膠着状態に陥ることがある。それは戦略的意思決定というものがそれほど重要だからであり、投票のパラドックスというものがそれほど手に負えないからであって、必ずしもエグゼクティブたちが力不足だからというわけではない。

そんな状態に陥った場合、エグゼクティブチームは、ROAの引き上げであれ会社の成長であれ、当初の狙いを損なわない形でオプションを構成し直す必要がある。自分たちが二者択一的な意思決定に逃げ込もうとしていることに気づいたら、一歩退いて、幅広いレンジでオプションを再構成する必要があるということだ。

たとえば、ある大手保険会社の損害保険部門のエグゼクティブチームは、既存の代理店ネットワークで自社商品のシェアを高めるか、自社商品を扱う代理店を増やすか、いずれかの方法で成長したいと考えた。どちらを採用するにしても、まず保険商品をフルラインで提供するのか絞り込むのかを決める必要があった。つまり、四つのモデルケースを検討する必要があった。

❶フルラインの保険商品を、既存の大型代理店で販売する。
❷保険商品を絞り込んで、既存の大型代理店で販売する。
❸フルラインの保険商品を、小規模な代理店で販売する。
❹保険商品を絞り込んで、小規模な代理店で販売する。

これだけではまだ納得のいく検討ができないと考え、チームは自社のビジネスの価値を一六の要素に分解した。たとえばブランド、保険金請求対応、代理店報酬、価格競争力、提供商品の幅広さ、代理店向けテクノロジーなどだ。

これらの要素の中には、前述の四つのモデルの全部に関係するものもあれば、三つあるいはそれより少ないモデルにしか当てはまらないものがある。たとえば、代理店管理テクノロジーは、小規模な代理店を活用するモデルで必要となる要素の典型である。人間同士で密なやり取りをしたくても、代理店の数が多すぎるので、テクノロジーを活用せざるをえないからである。

チームはその後、自社と競合数社を要素ごとに採点し、自分たちの方向性と投資能力にふさわしい競争上の機会がどこにあるかを見極めた。四つの静的なオプションを比較するのではなく、価値属性の異なる組み合わせに立脚した多くのオプションから最善の策を選ぶことができたのである。

最終的にこの保険会社は、一六の要素について、他社に後れを取るいくつかのビジネスの要素については業界標準にまで引き上げ、その他の要素は業界標準を上回る水準にまで引き上げ、一六以外の要素についても積極的に強化した。

このような取り組みによって、エグゼクティブチームが事前に覚悟していたことに比べると、はるかに小さな犠牲と努力で方向転換が実現し、当初の目的を達成することができたのである。

守るべき二つの重要なルール

ここまで、リーダーシップチームが独裁化症候群を回避するために使用できる、いくつかの方法について説明した。これらの方法は、単独で使用しても、複数を組み合わせて使用しても効果がある。しかし、このシンドロームを防ぎたければ、守るべき二つの基本ルールがある。

議論の内容を外に漏らさないこと

メンバーが様子を見ながら提案をしたり、綱引きをしたりするには、安心して本音の話ができる環境が不可欠である。工場閉鎖についてうかつなことを言ったら自分の発言が全社を駆けめぐるかもしれないと思えば、枠を取り払った戦略議論のために必要な自由な発想が妨げられる。

議論が終わった後で、意見が通らなかったメンバーの面子が保たれることも必要だ。彼らが会社の中で「敗者」と見なされたり、業務にとって大切なものを削り取られたと見なされたりすれば、将来、リーダーとして成果を上げることが難しくなってしまう。

適切な時間を割いて議論すること

社外で行われる戦略会議では、たとえば「中国における市場戦略」のような大きなテーマが設定され、討議に割り当てられた時間は意思決定も含めてわずか四五分、などということが珍しくない。その結果、議論は何の結論も見出せず、ＣＥＯが行き当たりばったりの決定を行って、別のオプションを支持する多数派の意見は考慮されないまま終わってしまう。

だが、新しいオプションが提案され、既存のオプションが外されようかという場合には、チームメンバーはそれについて慎重に検討し、反対意見にも耳を傾けるために十分な時間が必要になる。議論の機会を複数回に分け、それぞれの間に十分な間隔を空ければ、追加的な分析や調査を行って、何を選ぶべきか熟慮することができる。また、新しい戦略がもたらすであろう変化に備える時間を部下に与えることもできる。

＊　＊　＊

リーダーシップとコミュニケーションのトレーニングにはメリットがある。チームメンバーが互いに信頼していなかったり、互いの意見に耳を傾けなかったりしたら、効果的な意思決定を行うことはできない。しかし、筆者が最も頻繁に目にする問題は、そもそも多くのビジネス書が説いている心理学的手法で克服できるようなものではない。本稿で紹介した意思決定プロセスを改善する方法を使えば、はるかに効果的に、チームとして一致した結論に到達することができるだろう。

第 9 章

ヴィルトーゾ・チームのつくり方

IMD 教授
ビル・フィッシャー
ボストン大学 キャロルスクール・オブ・マネジメント 学長
アンディ・ボイントン

"Virtuoso Teams"
Harvard Business Review, July-August 2005.
邦訳「ヴィルトーゾ・チームのつくり方」
『DIAMONDハーバード・ビジネス・レビュー』2005年12月号

ビル・フィッシャー
(Bill Fischer)
スイスのローザンヌにある IMD 教授。技術経営論を担当する。上海にあるビジネススクール中欧国際工商学院の理事長および学長を務めた。共著として *Reinventing Giants: How Chinese Global Competitor Haier Has Changed the Way Big Companies Transform*, Jossey-Bass, 2013.（邦訳『ビジネスモデル・エクセレンス』日経 BP 社、2014 年）がある。

アンディ・ボイントン
(Andy Boynton)
ボストン大学キャロルスクール・オブ・マネジメントの学長。

2 人の共著に *The Idea Hunter: How to Find the Best Ideas and Make Them Happen*, Jossey-Bass, 2011.（邦訳『アイデア・ハンター——ひらめきや才能に頼らない発想力の鍛え方』日本経済新聞出版社、2012 年）がある。

『ウエスト・サイド物語』はなぜ大成功したのか

流血と人種の対立、不協和音とギャング団のダンス——。一九五〇年代後半にブロードウェイで初演された『ウエスト・サイド物語』は、当時の常識を覆すミュージカルだった。その頃、ミュージカルといえば蜜のように甘ったるいものと相場が決まっていた。したがって『ウエスト・サイド物語』の制作は、一か八かの賭けであり、米国の大衆演劇を根本から変えるイノベーションだった。

その後に映画化され、アカデミー賞の一〇部門でオスカー像を受賞した。制作者である天才たち、振付師のジェローム・ロビンス、原作者のアーサー・ローレンツ、作曲家のレナード・バーンスタイン、作詞家のスティーブン・ソンドハイムはまさしく大成功を収めた。

ビジネス、芸術、科学、スポーツ、政治など、いかなる人間の営みにおいても、イノベーションを起こし、素晴らしい成果を上げた人たちがいる。産業界を見てみると、たとえば「ウィズ・キッド（神童）・チーム」がある。これは米国空軍の元将校一〇人のチームで、一九四六年に業績不振のフォード・モーターにこのチームごと採用され、その後同社の業績をみごと好転させた。

シーモア・クレイ率いる「スーパーマン」たちもそうだ。一九六〇年代前半、彼らは世界に先駆けて商用スーパーコンピュータを開発した。その性能は、ＩＢＭのプロセッサーを圧倒的に上回っていた。また最近の例では、マイクロソフトのＸｂｏｘ開発チームがある。彼らは、新型ゲーム機の開発という、意表を突いた使命に取り組み、ソニーのプレイステーション2の売れ行きに、発売直後の数カ月間、大きな影響を及ぼした。

彼らは、言わば「名人チーム《ヴィルトーゾ》」（virtuoso team：virtuoso はイタリア語で「名人芸」の意味）であり、単なるワーキンググループとも、日常的な課題に取り組む平凡なグループとも根本的に異なる。困難を極める課題を実現するために、その道の達人たちを集めたチームである。彼ら彼女らは、目が回るようなスピードで仕事をこなし、目に見えるくらいのエネルギーを放ち、貪欲に目標を追求する。激烈な議論を戦わせ、士気が高く、桁外れの成果を上げる。その意味では、並ぶもののない存在である。

ところが、多くの企業が彼ら彼女らの高い能力を知りつつも、名人チームの結成には消極的である。「リスクが高すぎる」というのが、その理由である。というのも、これら名人たちは、目標を達成すると、燃え尽き症候群に至ったり、別の新しい課題に心移りしたりと、とたんにてんでバラバラになってしまうからである。

また、エリート主義でお天気屋、自己中心的ゆえに、あまり一緒に仕事はしたくないという印象がある。このような人たちが集まり、一か八かのプロジェクトに取り組むとなると、とっくみ合いのケンカにもなりかねない。そんなチームをうまく操縦するなど、考えるだけでつらい。そこで、多くの企業は無難な道を選び、協調性の高い人たちを選んで、月並みな成果でよしとする。よくあるパターンだ。

我々は六年間にわたり、世界的に名の知れた企業二〇社で調査を実施し、大事なプロジェクトを担うチームをその内側から調べてみた。その結果、野心にあふれ、才能豊かな人たちがチームメンバーにいると、組織として機能せず、失敗する場合があることが判明した。実際に失敗を目の当たりにした例もある。

　そこで、このようなチームのマネジャーに話を聞いたところ、名人チームとその他のチームでは、従うべきルールが異なることがわかった。そして、大成功を収めた数十のチームは、活動分野が異なるにもかかわらず、いくつかの共通点が見られた。そして彼らは、大きな目標を達成しただけでなく、会社、顧客、ひいては業界そのものを改革していたのである。

　ありふれたチームの場合、その人選基準は才能の有無ではなく、手が空いているかどうかである。一方、名人チームのメンバーには、抜群の実績を誇るスター社員が、何らかの重要な役割を果たすために選ばれる。このようなチームでは緊張感と親密さが渾然一体となり、狭い空間に押し込められ、厳しい締め切りを設定されたほうが大きな成果を実現しやすい。

　また、自分たち同様、顧客も賢く、しかも洗練されていると信じている。そのためステレオタイプ化された「平均的な顧客」のことなど念頭にない。こうしたチームのリーダーは、コラボレーションの重要性は認識しており、それを成立させるための建設的な対立であれば、歓迎すべきだと考えている。

　我々が調べたワーキンググループの中には、直接的な意味では産業界には属さないグループが二つある。その一つは、『ウエスト・サイド物語』の制作チームであり、もう一つは、一九五〇年代のショートコントのヒット番組 *Your Show of Shows* や、それに続く番組を制作したチームである。どちらも強烈な個性にあふれ、競争が激しい業界を一変させた。

　これは産業界の例だが、最近の事例としては、ノルウェーの巨大エネルギー企業、ノルスクハイドロがある。この調査では、日報、インタビュー記事、古いビデオなど、さまざまな資料を精査し、また多くの関係者に話を聞いた。本稿では、どのような人たちが名人チームを構成し、どのように機能するのか、そこにはいかなるリーダーが必要なのかについて詳しく述べたい。

逸材を集めてドリームチームをつくる

これまで多くのチームが、考えることよりも実行することを優先してきた。ブレイクスルーアイデアを生み出すことより、とにかく行動することのほうが重要であると思っていたのだ。そのため、チームで仕事する時には、実行力が優れていそうな人が集められた。しかし現実は、そのようなチームが桁外れの成果を上げることは稀である。

一方、名人チームで重視されるのは、実行力ではなく思考力である。したがってメンバーには、高いスキルを備え、難題に挑む意欲を持っている人が選ばれる。有能無能のメンバーが混在する平均的なチームとは異なり、一人ひとりが全力を尽くして、チームの目標達成に貢献することが求められる。

それゆえ、そこには控えめな性格の人はいない。それどころか、すすんでリスクを負い、踏み固められた道を逸れるような人ばかりである。彼ら彼女らは、普通の人ならおじけづくような難しい課題を好み、失敗して恥をかいたり、キャリアに傷がついたりしようと、まるで気にしない。また、大きなリスクを背負っているため、何としてでも成功しようと頑張る。だからこそ、全力を尽くし、大きなイノベーションが生まれてくる。

どのような仕事でも、大成功を収めるには、図抜けて優れた人たちが集まる必要がある。一九四九年、若きコメディアン、シド・シーザーは、ニール・サイモン、メル・ブルックス、カール・ライナー、ウディ・アレンなどの名脚本家と組み、他のライバルに大きく水を開けた。

彼が出演する *Your Show of Shows* や他の週一回番組は、当時のテレビ界では最高の商業的成功を収めた。彼とコメディ脚本家は、九年もの間、毎週、生のコメディ番組をつくり続け、次々にヒットさせ、賞を獲得し続けた。

メル・ブルックスは、よく知られているように、自分たちを「ワールドシリーズ出場チーム」と評した。そして周囲も彼らに「テレビ史上最高のコメディ脚本家チーム」という称賛を贈った。

たしかに彼らは、最高のコメディ脚本家だったかもしれない。しかし人柄のほうはというと、そうでもなかった。これは名人チームの常だが、シーザーのチームでも毎日、激しい対立が起こっていた。彼らは毎日、「最高の中の最高」の地位をめぐる戦いを繰り広げ、皆、自分こそが最高の脚本家であると、勝手に自負しているようだった。そして、誰のアイデアを採用するかでつば競り合いし、その結果、人間関係が悪化することもしばしばだった。

特にメル・ブルックスと、*Your Show of Shows* プロデューサーのマックス・リーブマンは犬猿の仲で、リーブマンはブルックスのことを「横柄で鼻持ちならない奴」と見なし、ブルックスはブルックスで、「リーブマンの言うことなど聞く必要はない」と公言してはばからなかった。

シーザーは、こうした張り詰めた雰囲気について、メンバー間には「電流が走り、憎しみが充満していた」と言っている。他の二人のメンバーは「電流と憎しみ」という言葉の代わりに、「競争とコラボレーション」という言葉を使う。

『ウエスト・サイド物語』の制作チームでも対立が多かったのは、有名な話だ。華やかな経歴で知られるクラシックバレエの振付師ジェローム・ロビンスは、クラシック音楽界の原動力といわれる作曲家兼指揮者のレナード・バーンスタインを認め、またシナリオライターとして高い評価を得て成功していたアーサー・ローレンツと、新進の作詞家スティーブン・ソンドハイムをチームに引き入れた。

彼らは皆、豊かな才能、強大な自我、そして天井知らずの野心の持ち主だった。ローレンツは、初めての顔合わせでいきなり「バーンスタインのくそオペラの台本なんか書くもんか」と大声で宣言し、バーンスタインの下で働くことを拒否した。バーンスタインの利己主義ぶりは、すでに有名だった。他のメンバー同士でも、似たような主導権争いと修羅場が繰り広げられた。それもそのはずで、彼らが相手に求めていたのは才能であり、安らぎではないのである。

メンバーの個性を共有し、チームとしての個性を形成する

従来型のチームの場合、通常「我々」（ｗｅ）が優先される。つまり、個人の自由より、チームのコンセンサスと結束が第一なのだ。

たしかに協調性はチームに欠かせない。実際、和気藹々《あいあい》とした雰囲気が、能力不足を補っているチームもある。そうしたチームでは、メンバー同士は非の打ちどころのない態度で付き合い、気持ちよく働

いている。しかし、リーブマンの言葉を借りれば、「お行儀のいいチームからは、お行儀のいい結果しか得られない」のである。

一方、結成されたばかりの名人チームは、個々人の能力は申し分ないが、そこにはコンセンサスのかけらもない。とはいえ、仕事を進めていくうちに、名人たちもチーム全体の業績を気にするようになる。やがて利己主義から脱却し、一致団結して目標を目指すようになる。つまり、アイデンティティを共有する強力な連合体に生まれ変わるのである。

ノルスクハイドロはその好例の一つである。IR（財務広報）活動が重大な危機に直面した時、名人チームを結成して、その解決に当たった。二〇〇二年、「ブロック34」と呼ばれるアンゴラの試掘井が空井戸であることが判明したのである。彼らは、この油井に相当額を投資していたため、金融市場に事情を説明し、納得してもらわなければならなかった。それができないとなると、株価が急落する危険があった。

シニアマネジャーたちは事の重大性を考え、従来のやり方では対応できないと判断した。とはいえ、ノルスクハイドロの文化は名人チームのそれとはまったく異なっていた。伝統と継承の組織であり、不器用で、エンジニア色が強い。また北欧企業らしくコンセンサスに基づく経営であった。

そこで、社員を選抜して、チームをつくるといったことはこれまで経験がなかった。むしろ、ほとんどの活動は領域ごとに分離されていた。チームワークという面では、特に問題はなかったが、優れているわけでもなかった。また、社員同士の対立は厳しく諌められていた。

チームリーダーに任命されたチェル・スンデは、従来の慣習に囚われず、最も優れたエンジニアを社内から集め、強力なチームをつくった。とはいえこのチームの任務は、優秀な専門職たちが四年以上かけて調べてきた膨大な量のデータを、もう一度最初から見直すことである。そして「ブロック34」の当初の分析結果に間違いを見つけ、主要株主たちに、「今後は二度とこのような間違いは犯しません」と納得させなければならなかった。しかも、与えられた時間はわずか六週間足らずである。正気の沙汰ではなかった。

スンデは、精鋭たちをなだめながら、同時に情熱を持たせなければならず、そのバランスは難しかった。メンバー全員が極めて優秀なエンジニアであり、自分の能力に絶対の自信を持っていた。自己中心的で気難しいことで知られ、誰もが何としてもスポットライトの下に立っていたいと考えているタイプだった。

ノルスクハイドロのようなコンセンサス主義の企業では、通常こうした社員には、自我を放棄し、感じよく振る舞うように促すものである。しかしスンデのやり方は、それとは正反対だった。それまでの社風をまったく無視し、精鋭メンバーたちの名前を発表して、彼らの顔にまともにスポットライトを当てたのである。ブロック34の特別調査チームは「Aチーム」と呼ばれ、メンバーはチーム結成と同時に花形意識を持つことになった。

このAチームは不可能に挑戦し、成功することを期待されたチームである。そのメンバーに選ばれることは、取りも直さず、それだけの能力を備えた人材であると評価された証拠だ。また、メンバーの大半がお互い面識があり、他人行儀に振る舞うことなく、すぐさま真摯に課題に取り組むことができた。

スンデはその後、チームメンバー同士が互いの個性を共有するように導いた。そのために、まずメンバーたちに彼らの仕事を尊重することを約束した。これは、彼らが最も望んでいることにほかならなかった。上司から仕事の内容を事細かに命令されることも、後でチェックされることもない。完全に自律的に活動できるわけである。

彼らの要求は社内で最優先され、求める資源はすべて与えられた。そして彼らの出した結論が最終的な結論になる。しかも、後知恵で修正されることもない。このような保証を得て、チームには明るさが生まれ、士気が高まったのだ。

とはいえ、やはり最初は衝突が絶えなかった。スンデはこれを抑えるために、まずチームの協力関係の全体像を明らかにした。まず彼は、メンバーたちの専門分野と相性を考慮して、二人のペアを組ませた。こうしてパートナーになった二人は、それぞれ別々に、とはいえ関連性の深い課題に取り組む。そして、すべてのペアの課題をパズルのピースのように組み合わせると、協力関係の全体像が見えるようにした。そのためメンバーは、それぞれ異なる課題に取り組んでいようと、いつも全体像を意識せざるをえなかった。

そのうちに彼らは、チームが失敗すれば、自分も失敗することに気づいた。それゆえ、自分のアイデアを一人占めしようとする者がいなくなった。このチームは最初、自分本位な人たちの集団にすぎなかったが、プロジェクトを進めるうちに、一つの大きなユニットに変わったのである。もし彼らが最初から一致団結していたならば、個々の能力が十二分に発揮されることはなかったかもしれない。

切磋琢磨を促しチームを成長させる

チームメンバーは、多くの場合、空間的に分散している。指示は遠くのほうから出され、メンバー同士が顔と顔を突き合わせて論と論を戦わせる機会などほとんどない。とはいえ通常、このシナリオでもうまくいく。しかし、平均以上の改革や成果が求められる時には、このような標準的な環境では目標は実現しない。

名人チームの場合、メンバーは頻繁に顔を合わせ、しばしば狭い場所にこもって、何時間も激論を戦わせる。これがチーム全体に活力を吹き込み、刺激を与えるのだ。メールや電話で連絡し合い、時折顔を合わせるといった通常のコミュニケーションではこうはいかない。

さて、名人チームが活動を開始した後、その強力な原動力となるのは、仕事に関する丁々発止のやり取りであり、仕事そのものではない。メンバーたちは、鼻を突き合わせて話し合うため、伝えたいことは否が応でも相手に届く。しかも瞬時に——。そのため、名人チームの活動ペースは、通常のワーキンググループの何倍も速い。

Your Show of Shows をはじめ、シド・シーザーの番組がつくられたのは、マンハッタン西一三〇丁目五六番街に建つビルの六階だ。彼らは毎週、この手狭で雑然としたタコ部屋に集まり、ひたすら実験を繰り返し、短時間で試作品をつくった。そして一番の出来の作品以外はすべて没にした。

名人チーム

スキルによってメンバーを選ぶ

- 過去の経験とは関係なく、最も優れたスキルを持つ人を選ぶ。
- ポジションに応じて適した人を選ぶ。

個人を重視する

- 個性を解放し、個々の能力を最大限引き出す。
- メンバー間の衝突を奨励し、単独で活躍できる場を設ける。
- インパクトを重視して最終案を選ぶ。
- 効率性より創造性を重視する。

アイデアを重視する

- メンバー間で頻繁、活発にアイデアを交換する。
- 画期的なアイデアを期限内に見つけ、明らかにする。

メンバーが集まり、集中的に課題に取り組む

- 顔を合わせて話し合う。
- 速いペースで課題を進める。
- 包み隠さず率直に話し合う。

洗練された顧客をターゲットにする

- 顧客の予想を超えて驚かせる、ハイエンドの顧客に訴える。
- 市場に関する既存の知識は無視する。
- 固定観念を否定する。

図表9｜従来型チーム vs. 名人チーム

逸材を集めた名人チームは、従来型チームとあらゆる点で異なる。たとえば、メンバーの集め方、てこ入れの方法、目標、最終的な成果といった点で、次のような違いがある。

従来型チーム

手が空いている人をメンバーに選ぶ

- 手が空いているかどうか、過去に経験があるかどうかでメンバーを選ぶ。
- 必要に応じてメンバーを採用する。

集団を重視する

- 個人の自我は抑える。
- 協調性を重視する。
- コンセンサスに基づいて最終案を選ぶ。
- 創造性より効率を重視する。

課題を重視する

- 重要な課題を期限内に終わらせる。
- プロジェクトを期限内に終わらせる。

メンバーは、それぞれ離れた場所で課題に取り組む

- 一人ひとりが、自分の力で課題を終わらせる必要がある。
- メール、電話、毎週の定例会議などで連絡し合う。
- 節度ある態度で話し合う。

平均的な顧客をターゲットにする

- 最も広範囲な顧客基盤をターゲットに、平均的な顧客に訴える。
- 既存の市場知識に基づいて意思決定を下す。
- 固定観念を受け入れる。

チームメンバーの一人は、当時のことを次のように回想する。「毎日、マルクス兄弟の映画（マルクス兄弟が出演する一連の喜劇映画）を観ているようでした。皆、大声で怒鳴り合い、部屋の至るところに食べ物とたばこの吸い殻が山と積まれ、すべてが目が回るようなスピードでした。それでも、集中力を失う人は誰もいませんでした。まるで圧力鍋の中にいるようで、激しい衝突が起こることもありましたが、だからといって、腹を立てたり、ふくれたりしている暇はありませんでした。狭い仕事場で過酷な締め切りに追われていたおかげで、かえってエネルギーが煮えたぎり、アイデアが湧き出たのです」

ノルスクハイドロのAチームのあるメンバーは、自分たちは「タスクフォース（特殊部隊）ではなく、フォースト・トゥ・タスク（有無を言わさず働かされている）だ」と言って笑っていた。スンデはチーム専用の部屋を用意し、ワークステーションやその他の専門機器、通信機器を所狭しと並べた。

メンバーは、週九〇時間をこの仕事場兼会議室で過ごした、肩の力が抜け、くだけた雰囲気の中、オープンで忌憚のない、熱のこもった議論を展開した。スンデいわく「メンバーは、アイデアをキャッチボールしながら、たえず話し合っていました。彼らの間には一定の対抗心、あるいはそこまでいかなくとも、たえず緊張感が張り詰めていました」。

この種の緊張感は、名人チームを長持ちさせる。というのも、名人チームはたいてい、次の二つの事情で解散してしまうからである。まず、肉体的、知的、感情的に消耗する。*Your Show of Shows* の制作チームは、九年間にわたってヒット番組を連発させたが、その分メンバーの入れ替わりが激しかった。

または、引く手あまたのメンバーたちが、やりがいのある別のプロジェクトに誘われ、そこに鞍替えしてしまう。しかし彼らも、そのプロジェクトに惚れ込み、会社や業界に大きな足跡を残せると思っている間は、この案件に没頭し続ける。

顧客は「最高のものをほしがっている」と信じる

名人チームは「顧客は現状以上を望んでおり、壮大な計画を提示すれば、その価値を理解できる」と信じている。このような認識に基づき、高水準のソリューションを提供する。顧客のニーズは高いという見通しは、言わば「予言の自己実現[注]」である。つまり、競合他社がレベルの低い商品やサービスを流通させる一方、名人チームは、顧客の嗜好やニーズを刷新し、市場規模を広げる。

『ウエスト・サイド物語』以前のブロードウェイでは、ミュージカルといえば、懐古趣味、コメディ、ハッピーエンドと相場が決まっていた。実際、そのような作品が売れ筋だった。当時ヒットしたミュージカルの典型例は、一人の野球ファンが悪魔と契約を結ぶという内容の*Damn Yankees*（邦題『くたばれ！　ヤンキース』）である。要するに、当時のブロードウェイには、悲劇や社会批判ばかりか、芸術さえ入り込む余地がなかったのだ。

そのような中、ロビンス、ローレンツ、バーンスタイン、ソンドハイムだけは、別のことを考えていた。ただし、圧倒的に少数派だった。大方のプロデューサーは、『ウエスト・サイド物語』のように、社会意識や人種間の暴力といったテーマを扱うのはリスクが高すぎると見ていたのだ。このミュージカルの上演は大きな挑戦であり、金にはならないものだった。

しかしロビンスたちは、エンジェル（出資者）の資金が底を突いても諦めなかった。彼らはみずからのキャリアを賭してでも、観客がこれまで見たことがない、斬新で大胆な作品をつくりたかったのだ。その後、彼らの作品は途方もない成功を収め、彼らの正しさが証明された。

シド・シーザーも彼らと同様、どんな作品でも視聴者にとってレベルが高すぎるということはないと信じていた。当時米国のテレビ界は、長い衰退期に突入せんとしていた。番組のレベルは徐々に低下し、凡庸な作品ばかりだった。

シーザーは、パイを顔で受けて、セルツァー炭酸水をぶちまけるようなドタバタ喜劇は低俗であると感じ、そんな作品は絶対つくりたくないと思っていた。そこで彼のチームは、型破りで意欲的な作品をつくり続けたのである。リーブマンは当時について、次のように述懐する。

「むろんのこと、我々の顧客である大衆は、うすのろなんかじゃありません。彼らは高い知性を持っています。ですから、作品のレベルを引き下げる必要なんかまったくないのです。我々がつくろうとしているのは、大人のための娯楽番組です。いっさい妥協するつもりはありません。視聴者にはその価値が理解できるはずです」

ノルスクハイドロのAチームの場合、彼らの顧客は証券アナリストであり、その使命は、市場の反応をコントロールすることだった。もし彼らがいい加減な説明をしたり、それが足りなかったりすれば、株価は急落する。

超大型プロジェクトが失敗すると、ほとんどの企業は、事実を控えめに表現し、青ざめて謝罪し、とにかく嵐が過ぎ去るのを待つ。ところが中には、災いを福に転じさせる企業もある。

たとえば、一九八八年、アッシュランド石油で給油中の貯蔵タンクが破裂した時、ディーゼル油が生態系に重大な影響を与え、飲料水を汚染した。その際、アッシュランド石油は情報を徹底的に開示し、積極的に除去作業に取り組み、おかげで汚名をそそぐことができた。

同様にノルスクハイドロも、ブロック34の災いを福に転じさせた。この名人チームは株式市場の懸念に、迅速かつ説得力あふれる説明で臨み、証券アナリストたちはこれに感心した。マスコミからの評価も高く、おかげで大きな財務的ダメージを回避することに成功した。

名人チームを率いるリーダーシップスタイル

従来型のチームリーダーは、大プロジェクトに取り組んでいる時ですら、コンセンサスと歩み寄りを重視する。彼らにとって重要なのは、ストレスを抑え、締め切りを守り、無難な結果を出すことである。

一方これとは対照的に、名人チームのリーダーの目標は、メンバー一人ひとり、ひいてはグループ全体が実力を出し切るように導くことである。そのためには、平均的なリーダーにはない敏腕と腕力が必要だ。才能にあふれ、自立した人たちが集まるチームを率いる時、けっしてやってはならないのは、彼らから表現の自由を奪うことである。名人チームのリーダーは、メンバーの才能を信じ、その発現を支援しなければならない。

ただしこのようなチームには、困難な目標と厳しい期限が課せられているものだ。しかし、メンバー一人ひとりを大切に考え、彼らの知的自由をガードしてやらなければならない。同時に、リスクが高いプロジェクトには付き物の、妥協できない目標と期限を考慮しなければならない。

これらを両立させるのは至難の業だ。そのため、名人チームのリーダーは、従来型のチームリーダーと違って、いくつもの役割を果たし、さまざまなマネジメントツールを駆使せざるをえない。

名人チームのリーダーには、たとえば、時には敵役になってでも完全主義を貫き通す人がいる。ジェローム・ロビンスはそのようなリーダーの典型だった。新兵訓練所の軍曹並みの厳しさで役者たちに規律を課し、同時に芸術家として細部まで目を配った。

命令し、駆り立て、辱め、最高のパフォーマンスを要求した。彼は役者たちに、全神経を集中し、細部にまで怠りなく気を配るように求めた。たとえば、人種間抗争に関する記事を劇場の壁に掲示し、役者たちにも同様の記事を探してくるように命令した。あるいは、ギャングメンバー全員の経歴を設定し、劇場の中では役名で呼び合うことを義務付けた。そしてブロードウェイミュージカルでは初めてのことだが、大勢から成るコーラス隊を使わなかった。

彼はさらに、役者たちをギャング団ごとに分け、次のように宣言した。「この劇場の中で、君たちのものといえるのはこの舞台だけだ。これが君たちの唯一の持ち場なんだ。ほかには何もない。それぞれが自分の持ち場を死守するんだ」。この言葉を聞いて、二つのグループの間には、心の底から対抗心が芽生えた。しかし最後には、鬼気迫る作品ができあがった。

当然のことながら、緊張が高まり、役者たちには大変なストレスがかかった。あまりのことに、役者の多くがロビンスを憎むほどだった。何しろ「地獄で悪魔に会っても、何てことはないさ。ジェローム・

ロビンスと仕事をした後だからな」と言った役者もいる。

しかし、非情なリーダーシップの持ち主であったからこそ、彼は大きな尊敬を集めたともいえる。ブロードウェイ版でアニタ役を演じたチタ・リベラは、次のように言う。

「もし彼があそこまでやらなかったら、我々もあれほど素晴らしい踊りはできなかったでしょう。そして、その後のキャリアもまったく違うものになっていたはずです。なぜなら、人は諦めるからです。どんな人も諦めます。しかも、あまりに早く、そしてあまりに頻繁に。しかし彼は我々に、我々自身が考えてもいなかったことをやり遂げさせました。我々の本当の力を引き出したのです」

一方、ロビンスとは正反対のアプローチを採るリーダーもいる。つまり、個人やグループ全体が自由に思索したり、創造したりする雰囲気をつくり、その雰囲気を加速度的に高め、最高のパフォーマンスを実現させるのだ。シド・シーザーはこのタイプである。メンバーたちにできるだけ自由に発言させ、そうすることで創造的な混乱を引き起こした。

はたから見れば、ただの無秩序に見えるかもしれない。実際、NBCの経営幹部の目にはそう映ったことだろう。しかしメンバーたちは、シーザーの管理の下、目標に集中している。つまり毎回、最高のコメディをつくり出そうとみずからを鼓舞したのである。

彼らは協力して、同じシーンを何度も書き直した。一週間、いや一日のうちに何度も書き直すこともあった。完璧を期してリハーサルを繰り返し、死にもの狂いの努力を続けた。アイデア、シチュエーション、せりふが、メンバー間でキャッチボールされ、たいていのアイデアは没になるが、いくつかが厳選されて残り、さらに洗練された。

文字通り、嵐のようなブレインストーミングでは、アイデアの主を特定することが難しい。そのことがかえって、チーム内に相互尊重と一体感を生み出した。脚本家たちは、自分以上の何か大きなもののために頑張っている気持ちになっていた。

こうしたシーザーのマネジメントスタイルについて、脚本家で *Your Show of Shows* にも参加したラリー・ゲルバートが、次のように述べている。「彼はその場を完全に支配していました。にもかかわらず、我々は完全に自由でした」。この言葉には、名人チームを率いる秘訣が集約されている。

このように、リーダーシップは人それぞれだが、すべてのリーダーに共通することが一つある。それは、時間をマネジメントツールとして使うことである。

ノルスクハイドロのスンデの時間活用術も独特なものだった。メンバー一人当たりのプレゼンテーションの時間をきっかり一五分以内に制限したのである。そのためメンバーたちは、それぞれ制限時間内で最大の効果を上げようと努めた。また、このように時間が制限されると、いくら押しの強い発表者でも、自分の考えを押し付けることが難しかった。

超短期決戦だったことも幸いした。メンバーは、目の前の仕事に集中するほかなかったのである。一人のエンジニアは、時間厳守で進めたこのプロジェクトについて、次のように回想している。「おかげで我々は、全員が同じリズムで踊らなければならないことに気づいたのです」

＊　＊　＊

いかなる業界の企業も、たとえば製品を大幅にモデルチェンジする、新規市場に参入する、大規模な組織再編を実施するなど、たえず何らかの計画に取り組んでいる。しかし期待以上の成果を上げるには、従来の慣習を捨てなければならない。

無難なやり方とは決別したいと思うなら、シド・シーザーのコメディライターチーム、『ウエスト・サイド物語』の制作チーム、ノルスクハイドロのAチームのアプローチを思い出していただきたい。そこに指針が見えるはずだ。

最も優れた最高の人材を集めることをためらってはならない。彼らの個性を限りなく発揮させるのだ。激論を奨励し、火花を散らせる。会社の中で最も優れた知性の持ち主たちを集め、衝突させ、創造させる。そうすれば、真に素晴らしい成果が得られよう。


【注】

self-fulfilling prophecyは、米国の社会学者、ロバート・キング・マートンが提唱した概念。そもそも根拠のないことでも、いったん口にされ、周囲に伝わることで、本当に実現してしまう現象。

第10章

チーム内の対立を防ぐための戦術と戦略

スタンフォード大学 教授
キャサリン M. アイゼンハート
エフェクティブ・インタラクションズ CEO
ジーン L. カフハジ
バージニア大学 ダーデンスクール・オブ・ビジネス 教授
L. J. ブルジョア3世

"How Management Teams Can Have a Good Fight"
Harvard Business Review, Jun-August 1997.
邦訳「成功するマネジメントチーム6つの戦術」
『ダイヤモンド・ハーバード・ビジネス』1998年1月号

キャサリン M. アイゼンハート
(Kathleen M. Eisenhardt)
スタンフォード大学のスタンフォード W. アッシャーマン・M. D 記念講座教授。戦略・組織分野。スタンフォード・テクノロジーベンチャープログラムの共同ディレクター。

ジーン L. カフハジ
(Jean L. Kahwajy)
コミュニケーションとリーダーシップに関わる経営コンサルタント会社エフェクティブ・インタラクションズの創業者兼CEO。

L. J. ブルジョア 3 世
(L. J. Bourgeois III)
バージニア大学ダーデンスクール・オブ・ビジネスの経営管理学教授。ダーデン・グローバルイニシアティブセンターのシニアフェロー。

チーム内の対立を抑えるにはどうすべきか

企業のトップマネジャーたちは、経営上の対立をうまく収拾できずに窮地に立たされることがよくある。企業の抱える問題について、マネジャー間に対立が存在するのは当然であり、不可欠であると彼らは理解している。見通しが不透明な状況の中で、自社の将来に関わる最善の方針についての意思決定を行う時、まともなマネジャーが揃っていれば、必ずしも意見が一致しないのは当たり前であろう。

マネジャーたちが互いの考え方を批判し合うマネジメントチームは、そうでないチームに比べて、選択肢の意味を深く理解し、多様な代替案を用意している。そして最終的には、社内外を取り巻く今日の競争環境に必要とされる効果的な決定を下しているのだ。

しかし、不幸なことに、建設的な意見の対立があっという間に崩壊する場合もある。問題の本質に関して述べた意見が個人攻撃と受け取られ、その結果、非生産的な対立を招いてしまう。この環境下において、戦略の選択を行うことは容易ではない。不安とフラストレーションが、同僚のマネジャーに向けた怒りに発展する。マネジャーの人間性を議論の対象である問題点に結び付けてしまうのだ。

多くのマネジャーは、自分は合理的な意思決定者であると自負している。それゆえに、みずからの行動の感情的・非理性的な側面にうまく対処することはもとより、そうした側面が存在する事実を認めることさえ簡単にできなくなるのだ。

問題点についての建設的な対立がマネジャー個人間の衝突へとすり替わった場合、その障害を回避し、チームワーク機能を破壊することなく、マネジャー同士が議論を戦わせることを奨励するのは難しい。こういったことは、マネジメントチームに参加したことがあれば、誰しも覚えがあるのではないか。

我々は、過去一〇年間にわたって、トップマネジメントチームの戦略的意思決定における「対立」「社内政治」「スピード」の相互作用を研究してきた。その中で我々は、技術関連企業一二社のトップマネジメントチームの仕事ぶりをつぶさに観察する機会を得た。

この一二社はいずれも、変化が著しく、せめぎ合いも激しいグローバル市場における競争に参加していた。したがって、どのチームも先行き不透明な状況の下、迅速な対処が求められるプレッシャーの中で、一か八かの決定を下さねばならない。

調査したマネジメントチームは、いずれも五人から九人のマネジャーで構成されていた。我々は、特定の戦略的意思決定が下されるプロセスを追う中で、マネジャーの一人ひとりに質問し、相互にどう関わったかを直接、観察することができた。トップマネジメントチームに実際に存在した対立を垣間見て、そこに鮮明に映し出された、ビジネスの意思決定に感情が果たす役割を知ることができた。

調査した一二社のうち四社では、重要課題に関するマネジャー間の意見の不一致がまったくない、あるいは実質的にないに等しく、そのため、対立はほとんど見られなかった。しかし、それ以外の八社にはかなりの対立が見られた。このうち四社のトップマネジメントチームは、マネジャー個人間の敵対意識や不協和音を回避する方法で対処していた好例である。

この四社を仮にブラボー社、プレミア社、スター社、トライアンフ社と呼ぼう。この四社のマネジャーたちは、同僚マネジャーから「切れ者」「チームプレーヤー」「業界最高の人材」と呼ばれていた。また、彼らは自分が所属するマネジメントチームのことを、「率直で」「楽しく」「生産的に」仕事をしていると語った。

彼らは議題について激論を戦わせるが、政治的な動きや体裁を取り繕うことに時間を浪費していなかった。あるマネジャーが言うように、「そんなことに使う時間などない」のだった。別のマネジャーも、「我々は、問題点のうわべをいたずらにいじくり回したりせず、真っ向から問題に取り組む。だからといって、政治的な行動はしない」と語った。

ある企業の女性マネジャーもやはり、自分が所属するマネジメントチームのことを、「私たちは、声を張り上げてさんざん意見をぶつけ合った後、冗談を言い合って、最後に問題を解決する」と語った。

八社のうちの残る四社は、マネジャー同士の個人的対立の回避に、前述の四社ほど成功してはいなかった。この四社を、仮にアンドロメダ社、メガ社、マーキュリー社、ソロ社としよう。この四社のトップマネジメントチームは、マネジャー間の激しい敵対意識に悩まされていた。

互いに協力し合うこと、話をすることはめったになく、派閥に分裂する傾向があり、フラストレーションや怒りがあらわになっていた。彼らが同僚について評する時、「陰で操ろうとする」「秘密主義」「くたびれて役に立たない」「政治的」といった否定的な表現を使った。

個人的な対立をほとんど引き起こさないマネジメントチームは、本質的な問題と個人の人格に根差した問題とを切り離すことに成功していた。戦略的に重要な問題に関し、意見の不一致がありながら、うまく折り合っていた。そこで、マネジメントチームの行動様式を分析した結果、マネジャー個人間の対立をコントロールするために、次の六つの戦術を用いていることを発見した。

個人間の対立が激しいマネジメントチームに比べ、

❶多くの情報を利用し、事実に基づいた議論を行っている。
❷議論の水準を高めるため、多数の選択肢を策定している。
❸チーム全体の合意による目標を共有している。
❹意思決定プロセスにユーモアを取り入れている。
❺バランスの取れた権力構造を維持している。
❻コンセンサスを強要することなく、問題を解決している。

この六つの戦術が、マネジメントチームの意思決定作業の中で明文化されているケースは少なく、暗黙の了解事項となっていることが多い。たとえ戦術に名称がつけられていても、企業によってその呼び方はさまざまであった。

それでも、四社がいずれも六つの戦術すべてを採用していたということは、この戦術が有効であることの証である。そればかりか、チームの意思決定のスピードを遅らせることなく、むしろ加速させたケースが多かったのである。

事実にフォーカスする

大量のデータを用いると、議論の対象である問題点の増加に比例して個人間の対立が増長される、と信じているマネジャーがいる。しかし我々は、用いるデータが客観的かつ最新のものであれば、議論を個人の性格ではなく問題点に集中させる作用があるため、情報は多ければ多いほどよいということを発見した。

たとえばスター社の場合、トップマネジメントチームのメンバーは、毎月、毎週、さらには毎日、実に多種多様な業績指標を検討していた。このチームは、自分たちは「あらゆる事柄を測定する」と自負していた。特に、毎週彼らが注目していたのは、受注高、受注残、マージン、技術関連目標、資金繰り、余剰在庫、生産管理プロセスといった指標であった。

また、月に一回、社内で実際に何が起きているかを広い視野から理解するため、より総合的な指標にも目を通していた。メンバーの一人が言うように、同社のマネジメントチームは、非常に強力なコントロールを行っていた。

さらに、スター社では社外の情勢に関するデータも利用していた。シニアエグゼクティブの一人には、競合企業の新製品導入、価格変動、広告キャンペーンといった動きの追跡が責務として与えられていた。別のシニアエグゼクティブは、大学時代あるいは他社の人脈を通じて、最新の技術開発についての情報を追っていた。

同社のＣＥＯは、自社の熱心なデータ追求を指して、「我々はＭＢＡ取得後も勉強を続けているようなものだ」と語った。事実で武装したマネジャーたちは、自社のビジネスを細部に至るまで実に丹念に把握している。そのため重要課題に論点を絞ることができ、無知から生じる無用な議論をせずに済んだ。

同様にトライアンフ社でも、最新データを重視する姿勢が見られた。同社のＣＥＯは着任後、まず、同社の新製品の源泉に当たる技術開発プロジェクトの進捗状況を追跡する人材を雇ったのである。こうした情報を手に入れることで、トライアンフ社のトップマネジメントチームは、共通の事実に基づいて経営に当たることができた。

良質のデータがなければ、マネジャーたちは個々の意見に関する無駄な議論に時間を浪費するはめになる。なかには自己権力の拡大を図る者、憶測だけで発言する者が出てくる。課題よりも人間そのものが意見の相違の焦点となり、マネジャー同士の個人的対立を招くのである。

このような企業のトップマネジャーは往々にして、受注高や技術目標といった社内業務について、また競合製品といった社外情勢についても、十分な情報を手にしていない。狭い範囲の情報を、たまに収集しているにすぎないのである。また、社内データ収集の監督者という立場にある、財務担当副社長の力が弱い場合が多い。我々の調査では、このような副社長は社内で「経験不足だ」「無関心だ」などと言われていた。

対照的に、個人間の対立がほとんどなかったプレミア社の財務担当バイスプレジテントは、会社がどのような状態であるかを、たえず脈を取って確認する、同社の中心的存在だと評されていた。

個人間の対立に悩むマネジメントチームは、最新のデータではなく、勘や推測に頼っている。彼らがデータを検討する時、収益性といった過去の実績、しかも過去最高を記録した好業績時の数字を持ち出しているケースが多い。

このようなチームは、既知の事実に基づく推定や直観などによる将来予測をもとに、計画を立てたがる。どちらも事実として見なされていないばかりか、何も生み出しておらず、結果として彼らは主観的な会話をしがちになるのだ。

マネジメントチーム内に激しい対立が見られた四社のうちの一社のCEOは、業績数字には「最低限の」関心しかなく、自分の目標は「主観的」なものだと語った。同様に別の企業のシニアマネジャーたちは、自社のCEOを「夢想家」で「日常的業務にはあまり関心を示さない」と見ていた。彼らと「数字を重視する合理的人物」と評判のブラボー社のCEOとを比べてみるといい。

事実にフォーカスすることと個人間の対立の少なさには、直接的な関係がある。事実は、戦略を選択する時に、その周辺にある重要課題に対して、マネジャーに素早い行動を起こさせる。また、意思決定の責任者たちは根拠のない議論を繰り返す泥沼に陥らずに済む。

さらに重要なのは、最新のデータに基づくことが、すなわち戦略的議論を現実から逸らさないことにつながる点である。(最新の売上高、市場シェア、R&D投資、競合各社の動向、製造高などの)事実は、個人の幻想や推測や利己的な願望とは異なるものであり、議論から個人的な要素を排除する。

事実がなければ、マネジャー各人の発言の動機がうさんくさく見えてしまうが、事実に基づいた意思決定プロセスを構築すれば、個人の人格ではなく、課題そのものに重点を置く文化が創出される。

複数の代替案を用意する

一つないしは二つの代替案に重点を置くことで、意見の相違が生じる可能性が低くなり、その結果、対立が抑制されると信じているマネジャーがいる。しかし実際には、個人間の対立が少ないマネジメントチームは、まさにその正反対のことをしている。意図的に複数の選択肢を策定し、一度に四、五案も検討しているのである。議論を活性化させるため、時には自分が支持しない選択肢まで提案することもある。

トライアンフ社の新任CEOは、同社のパッとしない業績を改善しようと決意した。このCEOが着任した当時、新製品は開発段階で行き詰まっており、投資家は不安を感じ始めていた。CEOは情報収集活動を開始し、シニアエグゼクティブたちに対策を策定するよう求めた。その後二カ月も経たないうちに、四つの対策案が練り上げられた。

第一案は、同社の技術の一部を他社に売り渡すというものだった。第二案は、同社の基幹技術を使って新市場に参入するという、主要戦略の方向転換案だった。第三案は、技術資源の配分を修正し、マーケティングのアプローチを変えるという案だった。そして第四案は、会社そのものを売りに出すというものだった。

共同でこれらの選択肢をまとめ上げたことで、同社のマネジャーたちは、チームワーク精神を高めたうえに、同社の競争的地位と技術力を以前よりクリエイティブな見方でとらえられるようになった。結果的には、このマネジメントチームは、一つの選択肢を選んで実施する以上の効果を上げる目的で、いくつかの要素を組み合わせることにした。

このほかにも、我々が調査した企業で個人間の対立が少なかったマネジメントチームは、やはり、重要な意思決定を行う際に複数の選択肢を策定する傾向にあった。

たとえば、スター社は、爆発的な急成長が原因で、キャッシュフローの危機に瀕していた。マネジャーたちはいくつかの選択肢を検討したうえで、銀行からの信用供与を取り付け、増資を行い、いくつかの企業と戦略的提携を実施する策を採用した。

また、ブラボー社のマネジャーたちは、選択肢の策定に三種類の方法を用いていた。それは、

- ●提案者が実際に支持する真の選択肢を提示する。
- ●たとえ議論のための議論を目的としていても、ほかのマネジャーが提案した選択肢を支持する。
- ●選択肢の幅を広げるためだけに試案を提示する。

という三種類の方法であった。

複数の選択肢を検討することがマネジャー個人間の対立を抑える可能性を持つというこの戦術には、いくつかの理由がある。第一に、対立が拡散される。つまり、二者択一のように白黒がはっきりしないため、マネジャーたちは、複数の選択肢それぞれに対して程度を変えて支持できるようになる。したが

って面目を潰さずに自分の支持意見を変えることが容易になるのである。

そもそも複数の選択肢を策定することは、マネジャーたちを刺激的な共同作業に一致団結して取り組ませる手段となる。彼らのエネルギーを問題解決に集中させることができるとともに、より多くの意思決定者の意見を反映した総合的な解決策に到達する可能性が高まるのだ。

複数の選択肢を策定する際、マネジャーたちは、最善と思われる解決策が提案されたからといって、簡単には満足しない。それどころか、もっと多くの選択肢、たいていは独創性の強い選択肢をさらに策定しようとする。このプロセスは、個人的な対立ではなく問題の本質に関する対立をよしとするものだ。プロセスそのものがクリエイティブであり、面白味があるのだ。

一方、一案ないしは二案の選択肢だけを徹底して議論するマネジメントチームでは、対立が個人的なものへと変化しやすい。

たとえばソロ社の場合、トップマネジメントチームは、業績を押し上げる手段として新規事業への参入を検討した。この案と現状維持案とを対比させて議論したのだが、ほかの選択肢を検討しなかった。マネジャーたちは、徐々に二つの派に分裂していった。各マネジャーがどちらを支持するかが固まるにつれて、対立は激しく、個人的なものになっていった。

両派の敵対意識があまりに強くなった結果、変革を強く支持していたマネジャーの一人は嫌気が差して会社を去った。残りのマネジャーたちは問題解決を諦めたり、さらに熾烈で無為な政治的行為に出たりしたのである。

共通の目標を立てる

非建設的な対立を最小限に抑えるための第三の戦術は、競争ではなく、むしろ協力的な手段として戦略的な選択肢を構築するというものである。いかなるマネジメントチームにも、協力と競争という要素は同時に存在する。マネジャーたちは、会社の業績の命運を握る点で同じ立場にある一方、個人的な野心という点では権力を奪い合うライバルにもなりうる。

我々の調査で成功を収めていたマネジメントチームは、いずれも協力して意思決定を行っており、全員の関心は、共同体である会社にとって最善と思われる解決策に到達することにあった。

彼らがこうした体制を築けたのは、力を集結できる共通の目標を立てていたからだった。メンバー全員が均質の考え方をする必然性はないが、同じビジョンを共有することは必要である。

シリコンバレーの有名な企業、アップル、ネクスト、ピクサーの三社の経営に参画してきたスティーブ・ジョブズは、「全員がサンフランシスコに着くことを目指していれば、どの道を通っていくかという議論に長時間を費やしたってかまわない。だが、誰か一人がサンフランシスコに行きたいと思っているのに、ほかは実はサンディエゴに行きたいと考えているならば、サンフランシスコに行く方法の議論に長時間を費やしても無駄なだけだ」と忠告する。

やはり、対立によって支障を来しているマネジメントチームは、共通の目標を欠いていた。各メンバーがお互いを競争相手と見なしており、驚くことに、自分を脅かす存在を陥れるための意思決定を下している場合さえある。

たとえば、アンドロメダ社のマネジメントチームでは、ある時期の業績不振に対する責任の取り方ばかりに議論が終始し、やがて互いに責任をなすり付け合おうとした。同社の後ろ向きな反応は、スター社のマネジャーたちが採った肯定的なアプローチとは対極にあるといえる。

共通の目標を掲げていたスター社のマネジメントチームは、キャッシュフローの危機を脅威と考えず、切迫した市場競争での戦いに備えて「軍資金を増やす」好機ととらえた。マネジャーたちが共有していたのは、「一九九〇年代最高のコンピュータ会社」を創出するという基本目標であった。彼らのうちの一人は、「我々マネジャーは、多くの場合、専門分野の職能からではなく、会社全体の視野に立って物事を見る」と我々に語った。

同様に、我々がインタビューしたプレミア社では、「市場で最も優れた製品」を生産するという共通の目標、すなわちスローガンを全員が共有していた。したがって議論の過程では、たとえば国内生産か海外生産かといった生産上の重要な選択肢について、あるいは新流通チャネルについて、対立を個人的なものに転化させずに意見を戦わせることに成功していた。

グループによる意思決定やグループ内の対立に関する多くの研究から、共通の目標がマネジメントチームのメンバー全員の関心を議論の結果に向けさせ、それによってチームがまとまることが実証されている。共通の目標に向かって作業を行う時、お互いを勝者や敗者に分けて見ることは少ない。ほかのメンバーの意見を正確に理解し、学ぼうとする姿勢がはるかに強いようである。

逆に共通の目標がない時、マネジャーたちは狭い了見を持つ傾向にあり、誤解し合ったり、責任を押し付け合ったりしがちであることを我々は発見した。

ユーモアを利用する

対立をうまく処理しているマネジメントチームは明らかに、時には不自然なほどに、自分たちの仕事を面白がることで緊張を解き放ち、同時に協力の精神を高めようとしている。急速に変化する競争の面白さを強調し、熾烈で先行き不透明な市場で競争を繰り広げるストレスについて、愚痴をこぼすことはない。

個人的な対立の少ないマネジメントチームはいずれも、仕事にユーモアを利用する方法について語っていた。ブラボー社のマネジャーたちはオフィスで冗談を言い合うのを楽しんでいた。たとえば、シックな本社オフィスに派手なピンク色で安っぽいフラミンゴの人形が飾られていた。

同じく、トライアンフ社のトップマネジャーたちは、毎月、肥満防止を目的に設定された体重測定の前日に「デザートの大食い大会」を開いていた。こうした一見他愛のない行動は、コンピュータ業界のプレッシャーを気にせず、仕事をもっと楽しいものにしようという同社CEOの狙いによるものだった。

スター社では、会社を「楽しい場所」にするというのが、トップマネジメントチームの掲げる目標だった。マネジメント会議は、いつも笑いが絶えなかった。社内の至るところでちょっとしたいたずらがなされ、また、トップマネジャーたちは社員と一緒になって毎年、ハロウィーンやエイプリルフールを祝っていた。

これらの企業のマネジャーたちは、ユーモアを利用する試みの少なくとも一部が意図的なもので、強制的に行われてさえいることを認めていた。たとえそうであっても、ユーモアは緊張を和らげ、協力を推し進めるのに役立つのだ。

一方、個人間の対立が目立つマネジメントチームには、ユーモアの精神が著しく欠けていた。個人的な付き合いはあっても、年に一、二回の公式行事に参加する以外はグループとしての交流はなく、まして日々の業務にユーモアを意図的に取り入れる動きはなかった。実際に、意思決定プロセスの雰囲気は、ユーモアどころか、敵対意識とストレスに満ちていた。

ユーモアは、戦略的意思決定の過程にありがちな、ストレスや恐怖を感じる状況からマネジャーたちを救う防衛機能を果たしている。しばしば皮肉を交えることで、もっと大きな人生という視点から俯瞰することができ、心理的な余裕を感じるのである。

また、ユーモアには本気とも冗談とも取れるところがあり、否定的な情報をも多少、楽観的に見せることができる。話し手は、相手を怒らせかねない内容を冗談めかして伝えることができる。それは、話し手の言葉が、深刻にも冗談にも受け取れるからである。聞き手は、冗談として聞き流したふりをしながら深刻な内容を受け取ることで、面子を潰さずに済む。その結果、気転の利いた、個人にさほど脅威を与えない方法で、やっかいな情報のコミュニケーションを行うことが可能になるのだ。

ユーモアにはムードを変える強い影響力があるため、意思決定のプロセスを、競争ではなく協力の構造へと変化させることもできる。ある大手調査機関によると、肯定的な気分の人は、そうでない人に比べて、単に楽観的であるだけでなく、他者を許す気持ちが強く、クリエイティブな姿勢で解決策を求める傾向があるという。

肯定的な気分が、他者の論点をより正確に把握することにつながる。なぜなら、肯定的な気分の人は防御の壁を崩し、人の話を理解しようと努める傾向があるからである。

権力構造のバランスを取る

所属するマネジメントチーム内の意思決定プロセスが公正だと信じているマネジャーは、決定事項に同意しない場合であっても、憤慨せずに決定を受け入れることに我々は気づいた。しかし、意思決定のプロセスが不公正だと感じると、そこで生じた嫌悪感はマネジャー個人間の対立へと容易に発展する。

個人間の対立を抑える第五の戦術とは、マネジメントチーム内の権力のバランスを取り、公正感を生み出すことだといえる。

我々の調査からは、中央集権的構造を通じて強力なコントロールを行う独裁的なリーダーが、激しい個人間の摩擦を頻繁に引き起こす要因となっていることが示唆された。逆に弱いリーダーの場合は最上層の権力にすき間があるため、マネジャーたちがこの座を狙って画策し、やはり個人間の対立を引き起こしてしまう。

個人間の対立が最も低いのは、我々が「バランスの取れた権力構造」と呼んでいる環境である。すなわちCEOはチーム内のどのマネジャーよりも強い権力を持っているが、ほかのマネジャーも、各自の責任分野ではかなりの権力を行使している状態だ。バランスの取れた権力構造では、マネジャー全員が戦略的意思決定に参加している。

たとえばプレミア社の場合、ほかのマネジャーから「チームプレーヤー」と呼ばれているCEOは、間違いなく最大の権力を握っていた。ところが、特定の責任分野では担当マネジャーが意思決定において最も権限を行使していたのだ。さらに、チーム全体が重要意思決定のすべてに参加していた。あるマネジャーは、このCEOは「適材を選んで、仕事に当たらせる」方法を採用していると語った。

やはりバランスの取れた権力構造を持つブラボー社のCEOは、自身の哲学を「できるだけ大勢の人間に参加させ、迅速に意思決定を行うことだ」と説明した。我々の観察によると、同社のマネジメントチームは、重要な戦略の方向転換を決定するまでの数カ月間、グループディスカッションを何度も重ねていた。メンバー全員が数日間、ほかの仕事に煩わされない場所にこもって最終決定を下した。

対照的に、マネジャー個人間に激しい対立が見られたマネジメントチームでは、リーダーが独裁的であるか権力が弱いかのどちらかであることが多い。たとえば、マーキュリー社のCEOはほとんどの決定をみずから下しており、ほかのマネジャーの権力と比べて大きな開きがあった。ある決定事項に至っては、問題の特定、分析、対策の選定と、意思決定プロセスの最初から最後までを牛耳っていた。他のメンバーは、このCEOを「強気」で「独断的」だと評した。マネジャーの一人が言うように、「CEOのブルースが決定を下したら、それは神のお告げに等しい」のだ。

アンドロメダ社の場合、ＣＥＯの権力行使は微々たるもので、トップマネジメントチームの責任分野が明確に定められていないため、チーム内の権力は分散し、曖昧になっていた。シニアエグゼクティブたちは、何かを決めたければチーム内で政治的な動きをするほかなく、トップの混乱に強いフラストレーションを感じていると打ち明けた。

多くのマネジャーは、事業の重要な側面の一部をコントロールしたいと考えるが、すべてを統制しようとは思っていない。リーダーが持つ権力の強弱によって、自分が重要な意思決定を行えなくなることに、フラストレーションを感じるのだ。

そして、チームの一員としてではなく、政治的な動きに終始する存在になってしまう。あるマネジャーが説明してくれたように、「チームのマネジャー全員が、序列に連なるために巧みに立ち回って有利な位置を画策する」状態になる。別のマネジャーは、「ＣＥＯに根回しするために、策を弄するのだ」と語った。

我々が見聞きした状況は、リーダーシップに関する社会心理学の古典的な研究結果と一致する。たとえば、一九六〇年代にラルフ・ホワイトとロナルド・リピットは、ボーイスカウトのようなクラブの中で多種多様なリーダーシップがどういう影響を及ぼすかを研究した。

その結果、我々が取り上げた「バランスの取れた権力構造」に近い、民主的なリーダーについた少年たちはクラブの活動に積極的な関心を示していた。メンバーの満足度は高く、クラブ内では友好的な発言や賛辞があふれ、協力し合う姿も数多く見られた。

一方、リーダーの力が弱いクラブは、組織力が弱く効率的でないうえ、少年たちの満足度も低かった。

しかし、最悪のケースは独裁的リーダーが支配するクラブで、少年たちは互いに敵対し、攻撃的になり、時に、罪のないスケープゴートに肉体的暴力を振るうこともあった。

調査の結果、権力のバランスが取れていないマネジメントチームでは、ほかのメンバーが暴力的と感じるほどの、言葉による攻撃が行われていたことがわかった。あるマネジャーは、「十字砲火のような攻撃の真っただ中にいる」ようだと言う。また別のマネジャーは、同僚を「発射寸前の大砲」と評した。もう一人のマネジャーは、CEOに「さんざん痛め付けられている」と我々に語った。

条件付きのコンセンサスを求める

権力のバランスを取ることは、公正感を築く戦術の一つである。しかし、それ以上に重要なのは、議題に関する対立を解決する適切な手段を見出すことだ。

我々の研究では、対立に効果的に対処しているマネジメントチームは例外なく、議題の本質に関する対立の解決に同じアプローチを用いていた。それは、一部のマネジャーが「条件付きのコンセンサス」と呼んでいた二段階のステップである。

マネジャーたちは一つの議題を十分論じたうえで、コンセンサスを築こうとする。コンセンサスが成立すれば、決定に至るわけである。コンセンサスが築けなければ、その議題に最も関係の深い分野を担当するマネジャーが、ほかのマネジャーの意見を参考に決定を下す。

図表10｜**意見の対立を成功に導く戦術と戦略**

戦術	戦略
1 最新情報などの事実をもとに議論する。	個人の人格ではなく、議題に的を絞る。
2 議論を深めるため、複数の選択肢を策定する。	
3 目標を定めてこれに向かう。	可能な限り最善の決定に至ることを目指して協力し、決定を下す。
4 意思決定プロセスにユーモアの精神を取り入れる。	
5 バランスの取れた権力構造を維持する。	意思決定プロセスを公平で平等なものにする。
6 コンセンサスを強要せずに問題を解決する。	

プレミア社では、同社最大の市場を脅かす新製品を競合企業が投入した時、対応策に関してマネジメントチームに激しい対立が起こった。一部のマネジャーは、R&D資源を競合企業の動きへの対抗手段に振り向けたいと考えた。革期的な新製品——ライバル社をしのぐものだが、いまだ設計段階にある——に注ぐ技術力が弱まってもやむをえないという考えである。

別のマネジャーたちは、既存製品のパッケージを変更し、新機能を多少付け加えるのが得策だと主張した。さらに別のマネジャーたちは、ライバルの動きは大々的な対策を施すほどの脅威ではないと考えた。数週間にわたって何度も会議を行ったが、コンセンサスを築くには至らなかった。そこで、同社のCEOとマーケティング担当バイスプレジデントが最終決定を下した。CEOはこのやり方を、

「担当マネジャーたちが議論を行い、私が裁定を下す」と説明した。決定案に同意しないマネジャーも、結果には納得していた。それは、議論の過程で全員が言うべきことを言っていたからだった。

コンセンサスと調和は結び付けて考えられがちだが、我々はその反対だと考える。コンセンサスを強要することで議題の本質に関する対立を解決しようとするマネジメントチームこそ、最も激しい個人間の対立を招く傾向にある。

時にマネジャーたちは、コンセンサスは必ず築くことができるという非現実的な考え方をするが、こうした単純なコンセンサス至上主義が、押し問答を果てしなく続けさせる結果になりかねない。

メガ社の技術担当バイスプレジデントは次のように語った。「コンセンサスとは、全員が拒否権を持っていることを意味する。成果は遅すぎ、結果として高い代償を払ってしまった」

アンドロメダ社では、CEOがマネジャーたちにコンセンサスを築くよう求めたが、いつになっても意見の相違はなくならなかった。議論は数カ月にも及び、フラストレーションがたまった結果、とうとう一部のトップマネジャーは諦めてしまった。マネジメントチームのマネジャーたちは、決定がほしかったのだ。ある意見を支持していたマネジャー数人が会社を去った後、やっと決定が下された。コンセンサスに至った代償は、マネジメントチームの崩壊だった。

コンセンサスに固執するマネジメントチームの場合、期限に間に合わせるために公正な判断が犠牲にされ、その結果、最終決定へのチーム全体の支援が弱まってしまう。

アンドロメダ社では、マネジャーたちが数カ月もかけて業界を分析し、将来の情勢について同じ見解を持つに至ったが、決定を下すことには重点が置かれなかった。意思決定プロセスは延々と続いた。ついに取締役会の期日が迫ってきたため、CEOはある選択肢を策定し、発表した。それは、それまでの議論で一度も取り上げられなかった選択肢であった。

予想に反せず、マネジャーたちは腹を立て、混乱した。CEOがこれほどコンセンサスに固執していなかったら、期日に間に合わせるために独断的な行動に出なくても済んだであろう。

条件付きのコンセンサスは、どのように公正感をつくり出すのだろう。コンセンサスを得る手順の正当性に関してある研究機関が行った調査によると、プロセスの公正さは関係者の大半にとって極めて重要であり、関係者全員の参加意識を高め、影響力を強めるという。

マネジャー一人ひとりは、結果に至るプロセスが公正であると信じれば、自分が支持しない決定をも喜んで受け入れる。多くの人は自分の意見を真剣に検討してほしいと思うが、いつも支持されるとは限らないことは認めようとする。これこそ、まさに条件付きのコンセンサスにおいて起こることである。スター社のあるマネジャーが言うように、「自分の意見を提案できることだけで満足」なのだ。

公正さ以外にも、条件付きのコンセンサスが個人間の対立に対する重要な抑止力となる。対立とは個人的な欠陥によるものではなく、あって当然のものだ。たとえば、自分の組織にマイナスとなる決定が下された時、決定に従わねばならないことと自分の意見を聞いてほしいという願いを、天秤にかけるからだ。

条件付きのコンセンサスは決定を下す方法を明確に示すだけでなく、参加者全員が議論の場にアイデアを出しやすくする、公平で平等な意思決定プロセスである。

最後に、条件付きのコンセンサスには時間がかからない。コンセンサスを求めるプロセスは際限なく長引く傾向にあり、マネジャーたちはこれを時間の浪費、無駄な議論だと考え、フラストレーションを感じ始める。当然ながら、マネジャーたちは、フラストレーションの原因は対立解消に役立たないプロセスではなく、メンバーの人間的な欠点にあると考えてしまうのだ。

対立、スピード、パフォーマンスの相互作用

議題に関する対立は、トップマネジメントチーム内に起こりやすいというだけでなく、この対立は有益でもあることが、ある著名な学術機関の研究で示された。この種の対立のおかげで、マネジャーたちはより幅広い情報を得、問題点への理解を深め、質の高い選択肢を手にしやすくなる。

これは我々が調査した企業にも当てはまっていた。議題の本質に関する対立がほとんどなければ、意思決定も効果的に行われない形跡があるとの証拠を得たのである。

「集団思考」は、大企業や公共機関の崩壊を招く主因の一つである。逆に、議題について健全な対立が起きるマネジメントチームは、そうでないチームに比べて優れた決定を、しかも短時間で下している。

対立がなければ、そのグループは有効に機能しない。しばしばマネジャーたちは消極的になり、表面的に、協調する姿勢を示すだけになる。実際、多くの場合、対立に代わるものは意見の一致ではなく、無関心と意見の相違である。

議題の本質に関する対立を促すことのできないマネジメントチームは、平均すると、低いパフォーマンスしか達成していなかった。我々が調査した企業の中で、対立の少ないマネジメントチームは、戦略的地位に関する重要な課題を検討し忘れるなど、重要な要素を簡単に見落とす傾向にあった。前提条件がもっとほかにあるのではないかと自問する機会や、極端に異なる代替案を策定する機会を逃していた。当たり前のことだが、競合企業にとって、このようなマネジメントチームの行動を予想するのはたやすいことだった。

変化の速い市場においては、問題点に関して、積極的かつ複数の選択肢を使った対立を促進するマネジメントチームのほうが、成功する戦略の選択を導き出しているようだ。成功する戦略を選択するカギは、マネジャー個人間の対立を和らげることにある。

建設的な意見の対立を引き起こす五つの手法

マネジャーたちはどうすれば、議論を問題の本質から逸らすことなく、より優れた意思決定へと導くことができるのだろうか。我々は、マネジメントチーム内にさまざまな意見、すなわち建設的な意見の対立を引き起こすのに役立つ、五つのアプローチを発見した。

❶多様な年齢、性別、職能上の経歴、業界での経験など、異質な要素で構成されるマネジメントチームを組織

する。取締役会のメンバー全員が同じような顔と声をしていれば、同じ考え方をする可能性は大である。

❷マネジメントチーム会議を定期的かつ頻繁に開催する。メンバーが互いのことをよく知らなければ、議題について互いがどういう立場を取るのかもわからず、効果的な議論ができなくなる。頻繁に関わり合うことで、反対意見を述べる時に必要な相互信頼と親近感がチーム内に築かれる。

❸チームのメンバーに、製品・地域・職能上の直接的な責任を超えた役割を担うことを奨励する。へそ曲がり、夢ばかり見ている非現実家、行動第一主義のマネジャーが一緒に取り組めば、あらゆる側面から問題の検討が可能になる。

❹どのような議題にも、多面的な考え方で対処する。ロールプレイング、競合企業の立場に立つ、戦争ゲームを行う。こうした方法が、物事を新鮮に見せてくれると同時に問題解決への興味を刺激して、チームのメンバーが無関心に陥るのを防ぐ。

❺対立には、積極的に対処する。マネジメントチームをあまり早急かつ簡単に服従させてはならない。無関心は早期に発見・対処すべきであり、対立のなさと意見の一致とを混同してはならない。コンセンサスに至ったのに、実は会員が同意してはいなかったというケースはままある。

『Harvard Business Review』（HBR）とは

ハーバード・ビジネス・スクールの教育理念に基づいて、1922年、同校の機関誌として創刊された世界最古のマネジメント誌。米国内では29万人のエグゼクティブに購読され、日本、ドイツ、イタリア、BRICs諸国、南米主要国など、世界60万人のビジネスリーダーやプロフェッショナルに愛読されている。

『DIAMONDハーバード・ビジネス・レビュー』（DHBR）とは

HBR誌の日本語版として、米国以外では世界で最も早く、1976年に創刊。「社会を変えようとする意志を持ったリーダーのための雑誌」として、毎号HBR論文と日本オリジナルの記事を組み合わせ、時宜に合ったテーマを特集として掲載。多くの経営者やコンサルタント、若手リーダー層から支持され、また企業の管理職研修や企業内大学、ビジネススクールの教材としても利用されている。

ハーバード・ビジネス・レビュー チームワーク論文ベスト10
チームワークの教科書

2019年3月6日　第1刷発行

編　者――ハーバード・ビジネス・レビュー編集部
訳　者――DIAMONDハーバード・ビジネス・レビュー編集部
発行所――ダイヤモンド社
〒150-8409　東京都渋谷区神宮前6-12-17
http://www.diamond.co.jp/
電話／03･5778･7228（編集）　03･5778･7240（販売）
装丁デザイン―デザインワークショップJIN（遠藤陽一）
製作進行――ダイヤモンド・グラフィック社
印刷・製本―三松堂
編集担当――小島健志

ISBN 978-4-478-10694-5